한국유아교육학회
유 아 교 육
디딤돌시리즈
10

놀며 배우는 유아, 함께 놀며 행복한 부모

임은미 배지현 조유진 지음

양서원

「유아교육 디딤돌 시리즈」를 출간하며

사단법인 한국유아교육학회는 1975년 우리나라 유아교육분야에서 최초로 창립된 학회로 유아교육학의 학문적 연구와 현장교육의 발전을 위해 중요한 역할을 수행해 왔습니다. 한국유아교육학회는 창립 이후 지금까지 정기적인 국내외 학술대회 개최와 국내 및 국제학회지 발간을 통해 회원들 간의 학술적 교류와 소통에 힘쓰고 있습니다. 유아교육의 학문적 정체성 정립을 위해 1995년부터 5년 단위로 '유아교육백서'를 발간해 왔으며, 1996년에는 유아교육학 분야 용어의 학술적 정의를 규정하는 '유아교육 용어사전'을 발간한 바 있습니다. 특히 한국유아교육학회가 그동안 지속적으로 발간해왔던 '유아교육백서'는 우리나라 유아교육분야의 기초 동향은 물론 교육과정과 교사교육, 유아교육재정과 행정, 법률 등의 내용과 그 의미를 분석함으로써 유아교육학 분야의 연구를 위한 중요한 자료가 될 뿐 아니라 정책수립의 기초가 되었습니다. 그러나 최근에는 유아교육학 분야와 관련된 통계나 기초자료에 대한 데이터베이스의 구축으로 인해 그동안 우리 학회가 발간해 왔던 유아교육백서의 내용과 형식에도 변화가 필요하게 되었습니다.

이에 한국유아교육학회는 그동안 출판해왔던 '유아교육백서'의 내용을 다양화하여 유아교육학 분야에서 중요한 개념이나 현상 또는 과제와 관련된 학문적 탐구를 심화시키면서도 현장 실제와의 연계방안을 제시하고자 합니다. 또한 형식 면에서도 여러 주제를 하나의 단행본에 담았던 것에서 나아가 주제별로 심화된 전문서적인 '유아교육 디딤돌 시리즈'로 출판하고자 합니다. 유아교육학의 기초가 되는 주요 개념이나 용어에 대한 기본적이면서도 학술적인 탐색이므로 이 서적의 내용이 바로 유아교육학 이해의 기초가 되며, 디딤돌이 된다는 의미에서 '유아교육 디딤돌 시리즈'로 이름 짓게 되었습니다. 앞으로 한국유아교육학회에서 유아교육 디딤돌 시리즈로 출판하고자 하는 주제는 수없이 많습니다. 기질, 민감성, 상호작용, 상상놀이, 문제행동, 유아중심, 부모, 교사, 우리 전통문화 등과 같은 주제는 우리 학문분야에서 중요하고 익숙하면서도 정리가 필요한 개념이기도 하고, 현장 교육 실제와의 연계가 필요한 것이기도 합니다.

이와 같은 작업의 일환으로 한국유아교육학회는 '놀며 배우는 유아, 함께 놀며 행복한 부모'를 출판하게 되었습니다. 이 책은 유아 · 놀이 중심의 교육과정을 지향하는 2019 개정 누리과정이 성공적으로 안착하는 데 있어서 부모의 역할을 강조하고 있습니다. 가정과 유아교육기관에서 유아들의 놀이는 무엇이고, 부모로서 자녀와 어떻게 함께 놀이를 할 수 있는지에 대한 바람직한 방향을 제시하였으며, 교사로서 부모의 놀이 지원을 교육과정의 연계 차원에서 어떻게 도울 수 있는지 살펴보았습니다. 이번 디딤돌 시리즈를 집필하며 저자(임은미, 배지현, 조유진)들은 주제에 대한 이론적 탐색과 토론을 반복하며 무수한 숙고의 과정을 거쳤습니다.

새로운 관점을 담아 하나의 주제에 온전히 천착하여 구성한 이번 '유아교육 디딤돌 시리즈'는 대학이나 대학원에서 유아교육을 공부하는 후학들에게는 물론 많은 연구자와 현장 전문가들에게도 도움을 줄 것으로 기대합니다. 이후에도 학회에서는 학회 회원 여러분들을 대상으로 한 과제 공모를 통해 계속해서 많은 주제를 발굴하고 논의를 심화시켜 디딤돌 시리즈를 지속적으로 출판할 것입니다. 마지막으로 이 책 시리즈를 기획하는 과정에서 노고를 아끼지 않았던 사단법인 한국유아교육학회 기획부의 노고에 감사드립니다. 아울러 한국유아교육학회의 연구물 발행을 위해 모든 노력을 아끼지 않고 도움을 주신 박철용 회장님과 양서원에도 감사드립니다.

2021년 여름

22대 사단법인 한국유아교육학회

회장 김 경 철

차 례

머리말

한 생명이 탄생하여 처음으로 만나게 되는 부모를 통해서 아이는 세계를 인지하고 자신을 둘러싼 주변 세계가 얼마나 아름답고 신뢰할 만한 곳인지에 대해 경험해나가게 된다. 일관성 있고 다정한 부모와의 상호작용을 통해 본능적인 필요가 채워지는 과정에서 유아는 부모에게 애착을 형성하고 동시에 놀이에 몰입하면서 주변 세계를 객관화하고 자신의 생각과 느낌을 펼쳐나가며, 유아의 흥미와 관심이 앎에 대한 희열과 즐거움으로 연결되는 시간들을 겹겹으로 쌓아가게 된다. 그리고 비로소 정서적으로 안정되며 자신을 사랑하고 긍정적으로 바라보는 성장과 발달을 이루어가게 되며, 이는 타인을 공감하고 배려하며 더불어 살아갈 수 있는 사회적인 존재로서의 기틀을 마련하도록 한다.

유아에게 부모는 유아의 세계 그 자체이며 유아의 삶 그 전부이다. 가장 본받고 싶으면서 동시에 넘어지거나 속상할 때 가장 기대고 싶은 특별한 존재이다. 한 유아의 행복을 위해서는 건강하고 안정감 있는 부모와 자녀의 관계가 중요하며 이를 기반으로 유아는 주변 세계를 탐색할 수 있는 동기를 부여받게 되고 놀이를 위해 세상으로 한 걸음 내디딜 수 있는 용기를 얻게 된다. 어린 시절 마음껏 놀이에 몰입하고 자유롭게 놀이를 하며 자랄 수 있는 것이 한 아이에게 얼마나 행복한 특권인지 모른다. 요즈음 점점 더 많은 아동들이 진정한 놀이를 해본 경험이 없어서 성인이 프로그램을 가지고 놀아주지 않으면 자기들끼리 놀지 못하는 슬픈 현실을 마주하게 된다. 유아가 자발적으로 관심과 흥미를 가지고 시작한 놀이에 대해 충분히 탐색하고 변형하며 즐거움과 기쁨의 정서를 경험하는 것은 한 인간의 인격적 성숙과 건전한 자아의 발현, 사회적 적응과 발달의 시작이 되는 것이다.

2019 개정 누리과정에서는 지금까지 유아교육에서 강조해왔던 놀이의 가치를 더욱 조명하였고 국가 수준 유아교육과정에서 유아의 놀이는 최우선으로 자리매김하였다. 이전에도 유아교육에서의 일과와 교육활동은 모두 놀이로 인식되어 왔지만, 개정 누리과정에서는 놀이, 활동, 일상생활로 구성되는 하루의 유치원 일과 중에서 놀이와 활동이라는 두 개념의 미묘한 차이를 구분 짓게 하였다. 이에 놀이하는 유아의 유능함을 인정하고 이것이 유아교육과정의 주제가 되고 내용이 되도록 하면서, 유아가 시작하고 지속해가는 유아주도적 놀이(child-initiated play)의 중요성이 더욱 강조되었다.

이러한 유아의 놀이는 비단 유아교육기관에서만 이루어지는 것이 아니다. 유아는 하루 종일 놀이를 통해 생각하고 놀이를 하면서 자라나며 놀이를 이용하여 생각과 느낌을 표현하고 내면의 아이디어를 펼쳐나간다. 놀이를 하는 동안 정서적 조절이 이루어지고 수많은 시도를 하게 되며 다양한 방향으로 놀이 이야기를 풀어나가는 유연하고 융통성 있는 특성을 발휘한다. 그리고 이는 유아교육기관 외에서의 놀이 역시 유아의 성장과 발달에 있어서 중요한 요소라는 것을 의미한다. 이처럼 유아의 놀이가 시간과 공간의 제약 없이 언제 어디서나 충분히 이루어지도록 하기 위해서는 부모가 유아의 놀이를 제대로 이해하고 적극적으로 지원하고자 하는 마음을 가져야 할 것이다.

그럼에도 불구하고 많은 부모들은 아이들의 놀이를 어떻게 바라보아야 하는지, 자녀의 놀이에 어떻게 참여해야 하는지, 자녀에게 유의미한 놀이 경험이 되도록 하려면 부모로서 어떻게 도와주어야 하는지에 대해, 그리고 지금 자신이 부모로서 자녀의 놀이를 잘 지원해주고 있는 것인지, 더 좋은 방법이 있는 것은 아닌지에 대해 좀 더 배우고 알고 싶어 한다. 이에 본 저서는 유아 · 놀이 중심의 교육과정을 지향하는 2019 개정 누리과정에 대해 제대로 이해하고, 유아에게 놀이의 의미가 무엇이며 부모로서 놀이하는 유아와 어떻게 상호작용해야 하는지 궁금해하는 부모들에게 건강하고 바람직한 방향을 제시하고자 한다.

2019 개정 누리과정 연구에 참여했던 유아들이 자신들과 함께 노는 선생님이 좋다고 했듯이, 부모 역시 놀아주는 분이 아

니라 유아의 놀이에 동참해서 함께 즐겁게 놀이하는 존재를 유아들은 원할 것이다. 유아는 놀이를 통해 현실 세계의 불가능한 일을 가능하게 하고 현재 충족되지 않은 상황을 만족스러운 상상의 힘으로 탈바꿈하여 충만한 채워짐을 경험하기도 하는데 이 모든 과정 중에 유아의 흥미에 관심을 갖고 함께 즐겁게 놀이하는 부모의 역할이 무엇일까에 대해 심도 있게 고민해보고자 한다. 개정 누리과정에서 강조하는 유아의 유능함을 존중하는 부모, 유아의 놀이를 통한 배움을 가치 있게 생각하는 부모, 유아의 엉뚱한 상상과 기발한 시도를 있는 그대로 인정하며 즐길 수 있는 부모를 통해 인격적으로 성숙하며 자신을 사랑하고 타인을 배려하며 삶을 진실하게 대하는 자세로 미래 세계의 리더가 될 소중한 유아들의 성장과 발달을 기대한다.

본 저서는 한국유아교육학회의 디딤돌 시리즈로서 2019 개정 누리과정의 시작과 함께 의미 있는 연구를 하고자 하는 마음으로 집필하게 되었다. 유아 · 놀이 중심 교육과정을 위한 부모의 역할에 대해 이론적 고찰과 실제적인 지원 전략, 그리고 부모의 눈높이에 맞춘 질의응답의 내용으로 구성하였다. 행복한 유아의 놀이에 참여하기 원하는 부모님들과 행복한 부모를 지원하고자 고민하는 선생님들께 조금이나마 시원한 해답을 찾을 수 있도록 돕는 이정표가 되길 바란다. 디딤돌 시리즈를 통해 지면으로나마 학부모와의 의미 있는 만남을 할 수 있는 기회를 주신 한국유아교육학회에 감사를 전한다. 그리고 유아교육이라는 같은 학문을 해오면서 놀이의 의미와 부모교육의 중요성에 뜻을 같이 하는 성결대학교 유아교육과의 동료 교수님들과 함께 생각을 엮어 책으로 출판하게 된 것이 무엇보다도 소중하고 감사하다. 또한 소중한 책이 나오도록 꼼꼼히 편집하고 수고해주신 도서출판 양서원 구성원들께도 감사의 마음을 전한다.

유아 · 놀이 중심 교육

CHAPTER 1

과정에서의 부모 역할

유아 · 놀이

중심

교육과정

에서의

부모

역할

여는 글

제4차 산업혁명 시대가 도래하면서 사회에서 필요로 하는 인재상에 대한 많은 담론이 각계각층에서 쏟아지고 있다. 융복합 능력, 통섭의 역량을 갖춘 사람, 소통하고 공감할 수 있는 리더, 다른 사람이 생각하지 못한 창의적인 사고를 통해 인류사회에 공헌할 수 있는 인재가 앞으로 더욱 필요하게 될 것이다(김윤희, 2019; 임부연, 2017). 시대가 흐르면서 새로운 시대적 요구에 부응하는 인재상이 언급될 때마다 이러한 인재를 양성하기 위한 교육의 방향성에 대한 논의 역시 화두에 오른다(문성영, 심성경, 2020). 위에서 언급한 인재가 갖추어야 할 역량이 무엇일지, 이를 함양하기 위한 교육목표와 내용은 어떠해야 할지, 학습자에게 해당 교육내용을 경험하도록 하려면 가장 적합한 교육방법은 무엇일지, 그리고 교육의 전 과정을 관통하는 교육

평가는 어떻게 해야 할지 고민하게 된다. 무엇보다 유연하고 융통성 있는 생각을 할 수 있는 말랑말랑한 두뇌의 소유자이면서 동시에 머리와 가슴이 모두 뜨거운 공감 능력을 갖추어야 할 것인데 이러한 인재는 놀이할 줄 아는 인간이어야 한다고들 말한다(고진영, 2020; 오채선, 2019; Roopnarine & Davidson, 2015). 유능한 인재들이 많이 일하고 있는 IT 기업들의 사무실 공간이 놀이할 수 있고 소통할 수 있는 인지적 여백을 향유하도록 설계 · 운영되는 것만 보아도, 창의성의 발현은 놀이성과 밀접한 관련이 있음을 알 수 있다(Babuc, 2015). 놀이는 더 이상 어린이나 청소년의 전유물이 아니며 전 연령의 인류에게 중요한 가치로서 의미를 가진다(Fogle & Mendez, 2006).

다른 어떤 학령기 못지않게 유아에게 있어서 놀이란 주변 세상을 탐색하고 경험하도록 하는 유아 맞춤형의 놀라운 교육 방법이면서 동시에 놀이의 내용을 통해 수많은 개념과 원리를 탐구해갈 수 있도록 하는 양질의 교육내용이기도 하다(Barnett, 1990). 유아는 놀이의 형태로 주변 사물과 소통하며, 놀이를 하면서 다양한 상상과 시도를 하게 되는데 이러한 놀이의 과정 안에서 유아의 전인적인 발달이 인지적, 정서적, 사회적, 언어적, 신체적으로 이루어지는 것을 알 수 있다(성영화, 2005; 최연화, 조복희, 2013; Johnson, Christie & Wardle, 2006). 놀이하는 인간, 놀이할 줄 아는 인간, 놀이를 향유할 수 있는 인간의 가치는 로봇과 인공지능이라는 키워드로 대변되는 제4차 산업혁명 시대에 "인간다움"으로 구별되는 중요한 특징이며 요소가 되는 것이다. 놀이하는 인간이란 놀이라는 매개방식을 통해 주변 세상을 탐색하고 알아가며 자신의 역량을 주변 세계로 확장시키는 인간의 본질적인 원형을 의미한다(MacDonald & Parke, 1984). 놀이할 줄 아는 인간이 이러한 놀이라는 내용과 방식을 자신만의 세계와 지식의 구조화를 위해 사용할 수 있는 기능적 측면, 기술적 방식으로서 의미를 갖는다고 할 수 있다면(Fein, 1985), 놀이를 향유할 수 있는 인간은 놀이할 수 있는 인간에서 더 나아가 놀이를 마음대로 조절하며 즐기고 변형하며 확장하고 완성할 수 있는 수준으로의 일상성과 일체성이 내재된 의미라고 볼 수 있다(Barnett, 1990). 유아가 세상에 태어나서 호모루덴스, 즉 놀이하는 인간으로서의 자리매김을 시작으로 놀이할 수 있는 인간이 되며 궁극적으로 놀이를 향유할 수 있는 인간으로서 성장한다면 유연한 생각과 융통성 있는 생활방식의 완성은 자연스럽게 따라오게 될 것이다(강명화, 한진주, 2017; 엄정애, 2001).

고대와 중세시대에만 해도 놀이는 하찮은 것이었으며, 심오한 일을 한 후 잠시 쉬는 휴식과 쉼을 놀이라고 혼동해왔다(Levy, 1990). 그러나 현대 유아교육에 대한 연구들을 통해 유아, 아동이라는 존재에 대한 생각이 변화하게 되었고 아동은 더 이상 "성인의 축소판"이 아니라 아동기의 발달적 과업을 가지고 있는, 그래서 성인과는 구별된, 독특한 특성을 가진 존재로서 인식하게 되었다(엄정애, 2001; MacDonald & Parke, 1984). 아동의 심리에 대해 이해하려는 움직임도 일어나면서 유아의 놀이는 새로운 렌즈를 통해 다시 바라보게 되었으며 그 가치를 인정받게 된 것이다(Fogle, 2003). 현대사회에서 수많은 교육자와 부모들, 사회구성원들은 유아가 놀이를 통해 세상을 알아가고 배운다는 것을 이해하게 되었고 유아에게 놀이가 얼마나 중요한지에 대해, 놀이를 위한 시간과 경험을 할 수 있도록 해야 한다는 것에 모두 동의한다(고영실, 2009; 이경화, 손유진, 2015; Haight, Parke & Black, 1997). 그러나 놀이가 무엇인지, 놀이가 어떠한 방식으로 발현되고 지원되어야 할지의 측면에서는 아직까지도 명확히 공유되지 못하고 있다. 어떤 이에게 놀이는 학습내용을 전달하는 방법과 수단으로 인식되기도 하며(심미영, 2018; Siegel, 1992), 어떤 이는 놀이 자체가 유아가 지식을 구성하도록 하는 기회이고 경험이라고 생각하기도 한다(강승지, 2018; 서귀남, 홍주연, 2017). 고대로부터 아동관이 변화하고 아동에 대한 이해가 발전하였으나 아직까지 놀이에 대한 많은 오해들이 있기 때문에 유아에게 놀이의 의미가 무엇인지, 교육자로서 유아의 놀이를 어떻게 바라보아야 할지에 대해 진지하게 생각해볼 필요가 있다.

유아에게 있어서 놀이란 놀이를 하는 주체로서의 유아와 놀이가 시작되어 이어지는 주변 환경과의 관계 속에서 발생하는 것이다(Darvill, 1982; Barnett, 1990 재인용). 그렇기 때문에 유아와 주변 환경과의 관계 안에서 놀이를 생각해보면 유아는 놀이를 통해서 자신의 주변 세계와 환경에 대해 탐색하고 점차 알아가게 되며 이 관계 속에서 발달과 성숙을 이루어가게 된다(한진주, 2019; Babuc, 2015). 마찬가지로 유아와 환경의 관계 안에서 이루어지는 놀이는 내용과 형태가 매우 자유롭고 유동적이면서도 유아의 의지와 생각의 방향을 담으며 펼쳐간다(Fogle, 2003). 유아는 놀이에 참여하며 때로는 놀이 자체에 몰입하게 되는 때에 정신적 완전체로서의 자아를 경험하게 되며 그 만족감 안에서 유아 자신의 잠재력을 발휘할 수 있는 밑바탕을 만들어가게 된다(Maslow, 1968; Roopnarine & Davidson, 2015 재인용). 유아가 놀이 상황에서 경험하게 되는 몰입과 집중의 경험이 점차 쌓여가면서 유아 스스로에 대한 긍정적인 자아상과 자신감을 가지게 되는데 그 결과 어떤 어려운 문제 상황을 만날 때에도 적극적으로 피하지 않고 놀이를 지속하면서 다양한 시도를 통해 문제를 해결하려고 노력하게 된다(Dewey, 1934; Fogle & Mendez, 2006 재인용). 이처럼 놀이를 통해 긍정적인 사회 · 정서 발달을 이루며 동시에 문제해결력, 과제집착력과 같은 인지발달도 성취하게 된다(강명화, 한진주, 2017; 문영경, 이영, 2012; 전유진, 유미숙, 2020). 또한 유아의 발달은 서로 연결되어 있기 때문에 사회 · 정서 및 인지발달과 복잡하게 얽혀 있는 언어발달, 창의성발달, 신체발달도 함께 이루어진다(임부연, 2017; Levy, 1990). 놀이의 몰입 경험은 유아로 하여금 성숙과 발달을 거듭하면서 이룩하게 될 자아상을 형성하고 유능한 인간으로서 성장할 수 있도록 하는 발판으로서의 역할을 하게 되는 것이다(Barnett, 1990; Johnson et al., 2006; Stevenson, Thompson, & Roach, 1998).

이처럼 유아에게 있어서 놀이는 세상과 소통하고 주변 세계를 알아가는 데 중요한 매개체로 인식되면서 유아교육 분야에서도 새로운 교육과정인 2019 개정 누리과정을 통해 그 중요성을 한 번 더 확인하게 되었다. 정부는 지난 2019년 7월 19일 유아교육법 제13조 제2항에 의거하여 "2019 개정 누리과정"을 확정 · 발표하였다(교육부, 보건복지부, 2019a). 지금까지 유아교육 분야에서도 놀이가 중요하게 인식되어 왔지만 그동안의 국가 수준 유아교육과정인 누리과정에서 표방했던 놀이에 대한 방향이 막상 유아교육 현장에서는 처음 의도와 다소 다르게 구현되었던 것이다(오채선, 2019).

국가 수준 유아교육과정인 만 3~5세 누리과정의 발표로 우리나라에서 유아를 대상으로 하여 운영되고 있는 다양한 형태의 유아교육기관들이 유아교육적 철학을 담은 일정 수준 이상의 교육과정으로 발전하는 데 기여한 것은 사실이다(심미영, 2018; 최지현, 2020). 그러나 그 과정에서 각 유아교육기관마다 가지고 있었던 고유한 방향성과 특성이 획일화되었고 대부분의 유아교육기관이 유사한 생활주제를 중심으로 연간, 월간, 주간, 일일교육계획안을 운영하게 되었다(이경화, 손유진, 2015; 이현지, 정혜욱, 2016). 또한 누리과정 교수-학습 활동이 유아 · 놀이 중심으로 이루어지는 데 있어 일과 운영 시간이나 교사 계획적 활동의 일과 구성 등을 수행하게 되는 제약이나 걸림돌이 보이면서 유아교육과정에서 향해야 하는 놀이 중심 교육과정에 대한 진지한 고민을 다시 하게 된 것이다(오채선, 2019). 2019 개정 누리과정에서 유아는 놀이를 통해 스스로 지식을 구성해 갈 수 있는 유능한 존재이며 교사는 유아로 하여금 놀이를 주도적으로 시작하고 전개할 수 있도록 안내하고 지원하는 역할을 통해 개별 유아들의 발달을 이루면서 동시에 유아가 중심이 되는 유아 주도적 놀이가 주를 이루는 유아교육의 실현을 향하게 되었다(교육부, 보건복지부, 2019b).

여기서 개정 누리과정을 살펴보면 한 가지 주목해 볼 만한 점이 있는데 바로 가정과의 연계의 중요성이 포함되어 있고 그 비중이 누리과정보다 현실적으로 커졌다는 점이다. 유아교육은 본래 가정이나 지역사회와의 연계가 자연스럽게 이루어져야 하는 특성이 있는데 개정 누리과정에서 말하고 있는 가정과의 연계는 부모로 하여금 교육과정에 참여하도록 한다는 점에서 더욱 강조되었다고 볼 수 있다(교육부, 보건복지부, 2019a). 유아교육과정을 제대로 이해하고 교육과정 기반의 유아 대상 교육을 실천하는 것은 교사이며 유아교육기관의 기관장과 교사가 교육의 전문가로서 교육과정을 가장 잘 알고 운영할 수 있는 역량을 가지고 있다고 할 수 있다. 그러나 부모는 유아교육 비전공자가 대부분인데 이들을 교육과정에 참여시킨다는 것은 무엇을 의미하는지, 어떻게 하면 부모와 함께 개정 누리과정을 실현해갈 수 있으며 유아로 하여금 진정한 유아·놀이 중심의 교육을 경험하도록 지원할 수 있을지 진지하게 생각해 볼 필요가 있겠다. 이를 위해 개정 누리과정의 방향에서 유아, 교사, 부모의 관계성은 어떻게 되는지, 부모의 역할은 어떤 것이 있을지에 대해 좀 더 깊이 있게 연구하여 유아가 스스로 지식을 구성하며 미래사회의 중요한 인재로서 성장하는 데 사회

구성원 모두가 그 역할을 감당할 수 있는 풍토를 마련하는 것이 요구된다(고진영, 2020; 문성영, 심성경, 2020; 최지현, 2020). 그러려면 부모가 유아의 놀이에 대해 올바르게 이해하고 놀이가 유아에게 긍정적인 배움의 경험을 준다는 것에 대한 신념을 갖는 것 또한 중요하다(김명순, 조항린, 박영림, 신혜영, 2013). 놀이에 대해 열린 마음을 가지고 유아가 놀이에 몰입하도록 하는 경험을 제공하고자 노력하는 부모가 있을 때 가정과의 연계를 통한 유아 · 놀이 중심 교육과정의 완성이 가능할 것이다.

지금까지 이루어졌던 유아의 놀이에 대한 부모 관련 연구는 부모의 놀이참여가 유아의 발달에 미치는 영향(고영실, 2009; 김명순 외, 2013; 문성영, 심성경, 2020; 성영화, 2005; 최혜순, 김찬숙, 2011), 부모의 놀이에 대한 인식이나 태도가 유아의 발달에 끼치는 영향(강승지, 2018; 고진영, 2020; 권정윤, 장연희, 2007; 김영희, 2012; 김정주, 박형신, 2017; 심미영, 2018; 이현지, 정혜욱, 2016; 한진주, 2019), 부모와의 놀이를 통한 상호작용이 유아에게 미치는 영향(강명화, 한진주, 2017; 문영경, 이영, 2012; 이기숙, 김희진, 박은혜, 2004; 장은정, 2001; 전유진, 유미숙, 2020; 허혜경, 2013)에 대한 내용이 대부분이었다. 주로 부모의 놀이에 대한 관심이나 긍정적인 신념은 유아의 사회성 발달이나 또래와의 상호작용, 사회 · 정서적 발달에 좋은 영향을 미친다는 내용의 연구가 많았지만 구체적으로 부모-자녀 간 놀이를 매개로 하는 활동의 내용이나 부모의 바람직한 역할에 대한 연구는 거의 없었다. 특히 개정 누리과정에서 말하는 교육과정의 적극적인 참여자로서의 부모 역할이 무엇을 의미하는지에 대한 연구는 전무하였다. 지금까지 있었던 책자나 논문을 보면 주로 부모와 유아가 함께 할 수 있는 놀이의 종류와 내용, 방법에 대한 소개라든지, 부모-자녀가 함께 방문할 수 있는 장소에 대한 소개와 그 장소에서 함께 할 수 있는 놀이활동에 대한 준비물과 내용 안내가 주를 이루었다(문성영, 심성경, 2020; 최지현, 2020). 그러나 개정 누리과정은 부모가 유아와 놀아주는 방식의 놀이가 아니라 유아가 스스로 아이디어를 떠올려 놀이를 시작하고 전개해 가도록 부모로서 어떻게 유아의 놀이를 관찰하고 그 놀이에 대해 상호작용하면서 유아의 생각과 느낌을 펼치도록 지원할 것인가에 대해 고민해보아야 한다(교육부, 보건복지부, 2019b). "유아기 놀이는 단순히 놀이하는 형태나 새로운 매체를 소비하는 방식으로만 단정 지을 수는 없다(고진영, 2020, p. 207)." 오히려 유아의 생각과 의도를 읽을 수 있어야 하고 유아가 그 놀이를 통해 경험하게 될 개념이 무엇인지 볼 수 있어야 하며 놀이를 통한 유아의 경험 확장을 지원하기 위해서 필요한 것이 무엇인지를 부모로서 이해할 수 있고 실천할 수 있어야 한다는 측면에서 생각해본다면 구체적인 방향성을 찾아갈 수 있으리라 본다(강승지, 2018; 고진영, 2020; 김윤희, 2019; 오채선, 2019).

이를 위해 본 장에서는 놀이 중심 교육과정이 무엇인지에 대해 살펴보고 개정 누리과정에서 말하는 부모의 역할에 대해 이론적으로 고찰할 것이다. 이를 통해 유아 자녀를 둔 부모나 손주의 양육에 참여하는 조부모 또는 가정에서 유아를 주되게 양육하는 분들이 어떻게 놀이를 통해 유아와 상호작용해야 할지에 대해 이해할 수 있게 될 것이며 유아 중심의 놀이가 진정한 의미의 몰입 경험이 될 수 있도록 하는 데 어떻게 부모로서 역할을 할 수 있을지 알게 될 것이다.

부모와 함께 바라보는 놀이 중심 교육과정의 이해

유아에게 놀이는 배움으로 가는 방식이며 삶 그 자체이다. 유아는 놀이를 통해 주변 세계를 알아가게 되며 유아가 세상을 배우는 내용, 방식 및 과정으로 가장 적합한 것이 놀이라고 할 수 있다(교육부, 보건복지부, 2019b). 비단 2019 개정 누리과정의 발표로 인해 유아에게 놀이가 새롭게 중요시된 것이 아니라 본래 유아는 놀이와 뗄 수 없는 관계로 계속 있어 왔으며 유아교육과정에서 놀이의 중요성은 과거나 현재나 미래에도 결코 달라지지 않을 것이다(임부연, 2017). 그럼에도 불구하고 2019 개정 누리과정에서 놀이를 바라보는 시각이 더욱 중요해진 것은 유아를 "놀이하며 배우는 유능한 유아(교육부, 보건복지부, 2019b, p. 6)"로 인정하며 교육과정을 구성하고 있던 형식과 체계가 놀이하는 유아의 유능성을 핵심으로 두고 재개편되는 전환이 이루어졌기 때문이다. 유아는 놀이를 통해 배우며 놀이는 유아가 주변 세계를 배울 수 있는 최적의 방식이라는 사실은 유아교육기관에서뿐만 아니라 매일매일의 일상에서 유아에게 놀이시간을 확보해주고 유아 중심의 놀이가 충분히 발현되도록 하는 사회적 합의가 중요함을 시사한다(최지현, 2020).

유아에게 있어서 놀이는 유아가 주변 세계와 소통하고 관계를 맺어가는 대화창구라고 할 수 있으며 이 과정에서 유아 대 유아, 유아 대 교사, 유아 대 교구 및 유아 대 부모 관계는 놀이를 통한 유아의 배움을 더욱 깊고 넓게 만들어준다(Stevenson et al., 1998). 놀이에 주도적으로 참여하는 유아는 자신의 내면이 빈틈없이 내실 있게 다져지며 놀이를 통해 유아 내면에서의 지식의 구조화를 이루게 된다(강승지, 2018; 김윤희, 2019; Johnson et al., 2006). 놀이는 유아가 세상과 소통하는 방식이면서 동시에 유아 내면의 생각과 느낌, 정서적 민감성과 심미적 감상 모두를 외현화하여 표출할 수 있도록 하는 가장 심오하면서도 세련된 방식이라고 할 수 있다(Siegel, 1992; Stevenson et al., 1998).

이와 같이 놀이는 다양한 주변 사람들과의 상호작용을 내포하기도 하고 유아 스스로 몰입하는 놀이 경험으로도 충분히 그 의미를 가질 수 있지만 유아에게 매우 유의미한 존재인 부모와 함께 놀이하는 경험은 유아의 전인적 발달 전반에 긍정적인 영향력이 있다(김명순 외, 2013; 문성영, 심성경, 2020). 부모와의 놀이를 통해 유아가 발달 제반에 어떠한 영향을 받을 수 있을지를 살펴보면, 신체 · 인지 · 언어 · 사회성 · 정서 · 창의성 발달 전반에 걸쳐 의미 있겠다(Johnson et al., 2006). 유아가 놀이할 때 부모가 관심을 갖고 적극적으로 지원하며 긍정적으로 상호작용하면 유아는 신체를 건강하게 움직이며 즐거움을 표현하는 행복한 아이로 살아가게 될 것이며 부모를 비롯한 타인과의 정서적 유대감 형성을 통해 안정감 있고 내면이 강인한 사람으로 성장하면서 자기조절능력을 기를 수 있게 된다(이현지, 정혜욱, 2016; 최혜순, 김찬숙, 2011). 부모가 유아와 놀이를 통해 양질의 친밀한 상호작용을 하면 유아는 타인과 더불어 살아가기 위해 필요한 사회적 기술의 습득과 함께 긍정적인 자아상을 갖게 되고 주변 사람을 배려하며 매너 있고 바른 품성을 가진 사람으로 자라나게 된다(문영경, 이영, 2012; 전유진, 유미숙, 2020). 언어적 유희를 즐기며 다양한 상황에 적절한 올바른 모국어의 내면화와 외현화를 지속적으로 연습하면서 자신의 생각과 느낌을 표현할 수 있는 유능한 의사소통능력을 소유하게 되며(강명화, 한진주, 2017), 다른 사람이 생각하지 않은 참신하고 기발한 아이디어를 토대로 창의적인 사고를 하며 고차원적인 문제해결능력과 과제집착력을 지닌 책임감 있고 성실한 인간으로 성장하게 된다(고진영, 2020; 김윤희, 2019; 이경화, 손유진, 2015). 이 모든 것은 외부의 권위자에 의한 지식 전달이나 훈육에 의하지 않고 유아 내면의 목소리에 가장 민감하게 귀를 기울이며 유아의 흥미와 관심을 시초로 시작된 놀이의 발현과 전개에 의해 유아 내면에 차곡차곡 쌓이고 형성되는 강인한 내면의 힘이 되는 것이다(성영화, 2005; 최연화, 조복희, 2013; Haight et al., 1997).

이를 위해서 부모는 유아로 하여금 외부에 의해서가 아니라 유아 주도적으로 놀이에 참여하고 놀이 자체를 자유롭게 즐기면서 생각과 의도를 마음껏 표출하도록 지지할 필요가 있다(MacDonald & Parke, 1984). 유아 주도적인 진정한 의미의 놀이를 할 때는 유아가 시작한 놀이가 생성되기도 하며 중간에 소멸되거나 연결 및 변형되는 가변성을 내포하게 되며 유아의 내적동기에 의해 마음대로 표출할 수 있는 놀이의 흐름을 볼 수 있게 된다(교육부, 보건복지부, 2019b). 따라서 부모는 유아의 놀이를 차분히 지켜보면서 유아가 충분히 놀이에 몰입할 수 있도록 시간을 허락해주고 유아의 놀이가 이어지는 흐름을 존중하면서 놀이의 맥락 안에서 상호작용해야 한다. 또한 유아의 놀이에서 유아가 어떤 개념을 경험하고 있는지, 무엇을 배우고 있는지, 놀이는 어떻게 이어지며 변형되는지를 바라보면서 유아의 놀이 의미를 읽을 수 있는 능력이 필요하다(최지현, 2020). 놀이의 의미를 읽을 수 있어야지만 놀이의 맥락 안에서 유아의 전인적 발달을 유도할 수 있는 질적으로 가치 있는 상호작용이 가능하기 때문이다(고진영, 2020). 이는 부모로서 자녀인 유아의 놀이를 통한 배움의 중요성을 인식하고 놀이를 통해 배울 때 진정한 지식의 구조화가 이루어지므로 유아 놀이를 통한 배움의 가치를 이해하는 것이 선행되어야 한다(전유진, 유미숙, 2020).

유아에게 있어서 놀이는 자유로움, 주도성, 즐거움을 포함하는데 자유로움이란 목적, 규칙, 사실, 시간과 공간으로부터의 자유를 의미한다(교육부, 보건복지부, 2019b). 유아의 놀이는 그 자체로서 의미 있기 때문에 달성해야 할 목적이 별도로 존재하지 않아도 가치 있으며, 반드시 놀이 규칙에 얽매이지 않아도 유아가 마음껏 변형하고 수정하며 재창조할 수 있도록 열려 있어야 한다. 사실에 기반할 수도 있으나 상상의 세계에서 이루어지는 폭넓은 놀이가 가능하고 과거, 현재, 미래 어느 시점으로도 이동 가능하며 공간의 제약 없이 이루어질 수 있다. 주도성은 자발적 참여, 능동성, 내재적 동기라는 측면을 가지고 있는데 외부에 의해 시작되는 것이 아니라 유아가 자발적으로 원해서 시작하고 참여하게 되며 누가 시키지 않아도 유아 스스로 능동적으로 참여하고 놀이의 시작과 끝 모두 유아의 내재적 동기에 의해 이루어져야 진정한 놀이로서의 가치를 가진다. 또한 놀이는 유아에게 즐거움을 주는데 재미, 몰입, 감정의 해소, 상상과 호기심, 그리고 유머를 경험하면서 유아 스스로 즐기고 지속하게 만든다(교육부, 보건복지부, 2019b).

2019 개정 누리과정에서는 교육과정이 추구하는 인간상을 건강한 사람, 자주적인 사람, 창의적인 사람, 감성이 풍부한 사람, 더불어 사는 사람이라고 명시하고 있다(교육부, 보건복지부, 2019a). 즉 놀이하며 배우는 유능한 유아란 몸을 움직이며, 유아가 자신이 하고 싶은 것은 스스로 선택하고, 마음껏 상상하며, 놀이를 하면서 재미와 기쁨을 느끼고, 유아를 둘러싼 주변과 관계를 맺어간다는 것인데, 이것이 바로 개정 누리과정에서 추구하는 인간상과 연결되는 것을 알 수 있다(오채선, 2019; 교육부, 보건복지부, 2019b). 유아의 놀이 경험은 유아 · 놀이 중심 교육과정에서 지향하는 인간상을 구성하므로 부모가 유아의 놀이 몰입 경험을 극대화하고 적절하게 지원할 수 있도록 부모

의 인식과 태도, 가치관이 형성될 필요가 있으며 이를 위한 부모교육 자료의 개발과 보급도 중요하다.

실제로 개정 누리과정 연구에 참여했던 유치원의 경우 유아의 놀이 중심으로 이루어지는 유치원 교육과정에 대한 부모의 이해와 지지는 반드시 필요한 요소였다(고진영, 2020). 그럼에도 불구하고 초기에는 많은 부모들이 하루 종일 놀이만 하는 유아들에 대해 염려와 불안감을 보이기도 했으나 유아교육기관 차원에서의 부모교육을 통해 놀이 중심 교육과정에서 유아들이 어떠한 놀이를 하고 있는지 그리고 해당 놀이를 통해 유아가

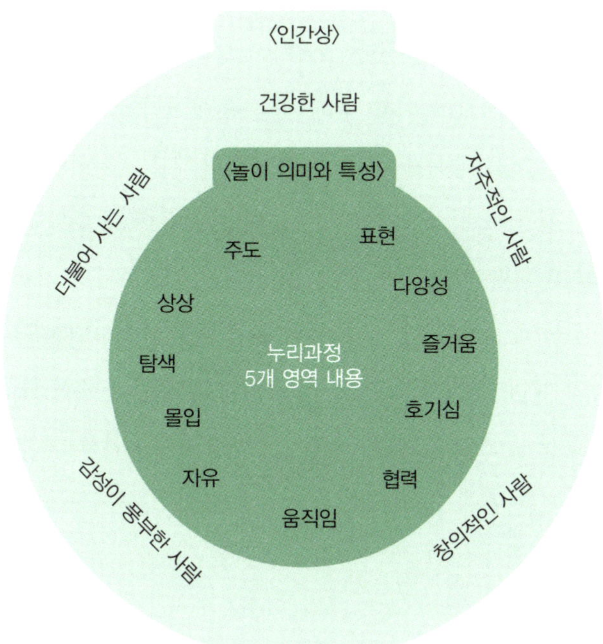

그림 1-1 유아 놀이 경험과 개정 누리과정이 추구하는 인간상
출처: 교육부, 보건복지부(2019).

경험하고 있는 과정과 놀이의 결과물은 무엇인지 공유하면서 부모의 놀이에 대한 이해도를 높일 수 있었다. 유아로부터 시작된 놀이는 그 시작이 단순해 보였지만 유아의 아이디어를 반영하여 유아 주도적으로 이어지면서 얼마나 다채로워지는지에 대한 유아 놀이의 흔적을 부모님과 공유하다 보니 자연스럽게 유아가 놀이를 통해 배울 수 있다는 의미와 가치에 대해 공감하게 되고 지지하게 되었다. 특히 부모들은 자녀들이 예전에는 문제가 생길 때 방관하거나 쉽게 포기하는 모습을 보였는데 놀이에 몰입하는 경험이 증가하면서 유아 스스로 문제점을 분석하려고 노력하고 문제를 해결하기 위한 다양한 시도를 적극적으로 하며 그 모든 과정에서 유아 자신의 목소리가 커졌고 자신감 있게 의사표현을 하는 모습을 보게 되었다고 한다. 따라서 부모는 유아가 놀이를 통해 배움을 이어나갈 때 놀이에 몰입할 수 있도록 충분한 시간을 두고 기다리고 지켜보아야 하며 유아의 생각을 수정하기보다는 놀이에서 유아의 주도권을 인정하고 최대한 따라가며 함께 놀이하는 부모로서의 자리매김을 하도록 지원해야 한다. 유아의 유능성을 인정하면서도 부모가 놀이 상황 속에서 제안을 하고자 할 때에는 유아가 그 제안을 어떻게 활용하고 경험하는지를 먼저 지켜보면서 적절한 도움과 지원을 통해 유아 중심의 놀이 흐름이 발현되도록 바라보는 역할을 해야 한다(교육부, 보건복지부, 2019b).

교육과정 참여자로서 부모의 역할

2019 개정 누리과정 고시문을 살펴보면 가정 및 부모와 관련된 사항이 있다. 먼저 누리과정 성격 중 '마'항에 "유아, 교사, 원장(감), 학부모 및 지역사회가 함께 실현해가는 것을 추구한다(교육부, 보건복지부, 2019a, p. 4)"는 내용이 있으며, 누리과정의 운영 중 편성운영에서 '사'항에 "가정과 지역사회와의 협력과 참여에 기반하여 운영한다(교육부, 보건복지부, 2019a, p. 8)"는 내용이 들어 있다. 누리과정 성격의 내용을 보면 유아교육을 둘러싸고 있는 교육적 수요자와 공급자의 관계성을 나타내고 있는 것으로 생각되지만 구체적인 실행내용을 기반으로 보면 유아, 교사, 원장 및 원감, 학부모와 지역사회가 함께 교육과정에 참여하고 적극적으로 유아교육의 실현을 향해 협력하는 것을 의미한다(오채선, 2019). 이는 지금까지 교육과정의 주 수요자로 생각된 부모의 역할을 이전의 교육과정보다 더욱 중요시하고 교육과정에 대한 계획, 실행, 평가 전 과정에 부모를 참여시키는 것을 내포한다(교육부, 보건복지부, 2019b). 교육전문가인 유아교육기관장(원장 및 원감)과 교사의 역할로서 한정되었던 교육과정 분야에 부모를 어떻게 얼마만큼 참여시키고 함께 동력할지에 대해서는 유아교육에 대한 사회적 인식과 태도, 더 나아가 부모의 가치관과 태도, 유아교육기관의 철학과 문화 전체

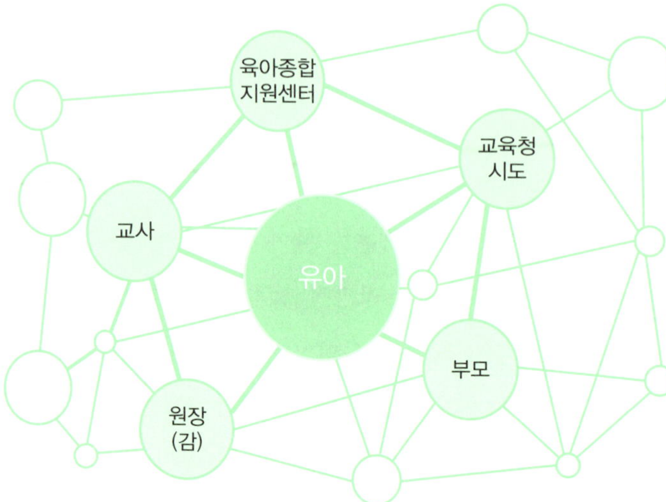

그림 1-2 유아교육 주체 간의 관계

를 고려하여 정해야겠지만 예전보다는 좀 더 적극적인 의미의 부모 역할이 기대된다는 점은 분명하다.

그리고 누리과정의 운영 부분을 살펴보면 편성운영 중에 가정, 즉 부모와의 협력과 참여에 기반하여 운영한다는 내용이 있다(교육부, 보건복지부, 2019a). 부모와의 협력은 어떤 의미인지 생각해보고 부모의 참여 역시 고려해볼 필요가 있다. 지금까지 부모와의 협력과 참여는 교육과정을 둘러싼 구성원으로서의 일정 공유, 부모참여 수업 등에 대한 적극적 협력, 유아교육기관의 교육활동 중 필요시 교육자료의 공유나 가정학습과의 연계 시 부모의 역할 등으로 이해될 수 있다(이경화, 손유진, 2015; 임부연, 2017). 개정 누리과정에서 말하는 부모의 협력과 참여는 어떤 의미로 재조명해볼 수 있을지 생각해볼 필요가 있다. 유아에게 있어서 놀이란 유아의 일상이며 유아의 생각의 흐름과 함께 신체의 움직임 모두가 놀이와 연결된다(한진주, 2019). 따라서 유아의 놀이는 유아교육기관에서 이루어지는 교육활동으로 끝나는 것이 아니라, 유아의 일상 전체에서 지속적으로 일어난다(강승지, 2018; 엄정애, 2001; Levy, 1990). 이는 가정에서도 동일한 상황으로서 유아가 자신의 생각과 느낌을 놀이를 통해 표출하고 놀이를 주도적으로 시작 및 전개해 나가면서 놀이에 참여하는 자신에 대한 긍정적 자아상을 갖게 되는 것이다(Fein, 1985; Johnson et al., 2006). 유아교육기관에서 유아가 놀이를 통해 목소리를 내게 되고 자신의 아이디어가 발현되는 것을 보면서 끊임없이 시도하고 그 과정 자체에서 많은 원리와 개념을 경험하고 내면화하게 되는 것이 놀이에 대한 몰입 경험을 통해 가능하다면 유아교육기관 외의 모든 시간과 공간에서도 동일한 메시지가 유아의 놀이에 대한 몰입 경험을 지지할 수 있어야 하는 것이다(Barnett, 1990). 유아가 부모와 함께 하는 시간에도 유아교육기관에서 경험했던 놀이처럼 긍정적이며 유아 주도적인 상호작용이 이루어진다면 유아의 놀이 경험을 통한 지식의 구조화와 긍정적 발달의 극대화를 추구할 수 있게 된다.

이를 위해서는 부모의 놀이에 대한 이해와 신념이 중요한데 부모가 유아의 놀이에 대해 긍정적이며 놀이가 유아의 발달에 효과적이라는 신념을 가지고 있을수록 유아의 사회성 발달이나 인지발달에 긍정적인 영향을 준다(김명순 외, 2013; 김영희, 2012; 성영화, 2005; Babuc, 2015). 그리고 부모의 놀이참여도가 높을수록 유아의 또래와의 사회적 관계나 정서적 안정감, 그 밖의 발달 제반에 긍정적인 효과가 있었다(문영경, 이영, 2012; 전유진, 유미숙, 2020; 최연화, 조복희, 2013). 이는 부모가 유아의 놀이에 대해 어떠한 의미 부여를 하느냐에 따라 유아의 놀이를 자유롭게 허용하는지 그렇지 않은지의 정도에 영향을 주게 되며 유아가 놀이에 참여할 때 부모의 긍정적인 정서적 지지가 유아의 놀이 전반에 매우 큰 영향력을 행사한다는 것을 알 수 있다. 유아는 놀이의 상황에서 부모를 참조(reference)로 활용하여 특정한 놀잇감이나 도구를 가지고 놀이를 시작하기 전에 부모를 살펴보며 부모의 반응이 어떠한지, 이 놀잇감이 가지고 놀아도 되는 것인지 여부에 대한 정보를 얻게 된다(Roopnarine & Davidson, 2015). 유아가 놀이를 통해 주변 세계를 탐색해나가는 과정에서 부모는 중요한 참조의 역할을 한다. 때문에 부모는 유아가 주변 환경에 대한 지식을 구성해가는 데에 많은 영향을 미치는 것이다. 예를 들어 유아가 깨질 수 있는 화병을 보고 만지려 하다가 잠시 부모를 바라보았는데 부모가 고개를 저으며 안 된다는 메시지를 보낸다면 유아는 화병을 다시 내려놓거나 조심하는 모습을 보인다. 또 다른 예를 들면 유아가 공벌레를 보고 신기하여 만져보려다가 잠시 부모를 바라보는데 부모가 징그럽다는 말과 함께 얼굴을 찡그린다면 유아는 만지는 것을 주저하면서 동시에 벌레는 징그럽다는 부정적인 선입견을 갖게 된다. 이처럼 유아는 놀이의 상황에 부모를 참조(reference)로 사용하는데 참조 역할을 하는 부모가 때로는 정확한 메시지

그림 1-3 참조(reference) 역할의 부모

를 제공하면서 바른 안내를 하기도 하지만 때로는 부모의 선입견으로 인해 왜곡된 메시지를 보내 유아로 하여금 특정 사물이나 생명체에 대한 부정적 인식을 갖게 하기도 한다(Fogle & Mendez, 2006). 유아가 놀이를 통해 주변 세계를 탐색하고 알아가는 과정에서 부모의 참조로서의 역할, 그리고 부모로부터 전달되는 메시지와 가치판단의 영향력은 유아의 생각과 사고체계, 가치체계를 형성하는 데 직·간접적인 영향을 준다는 것이다(Haight et al., 1997).

유아·놀이 중심 교육과정이 유아의 일상을 통한 진정한 놀이에의 몰입 경험을 갖도록 하려면 유아로 하여금 제대로 된 놀이, 진정한 놀이를 할 수 있도록 해야 한다. 유아에게 진정한 놀이 경험을 제공하는 것은 부모의 참조로서의 역할과 부모가 놀이에 대해 갖는 이해와 신념에 따라 달라질 수 있는데, 이를 위해서는 부모로서 유아가 좋아하는 것과 싫어하는 것이 무엇인지를 알고 유아의 흥미와 관심을 읽을 수 있는 안목이 필요하다(Fogle & Mendez, 2006). 개정 누리과정에서 말하는 유아교육기관에서의 놀이 상황에서 교사가 유아의 놀이를 관찰하고 놀이의 의미는 무엇인지, 놀이에서 유아의 흥미와 관심이 무엇인지, 놀이 속에서 유아가 경험하고 있는 중요한 개념과 교육적 의미가 무엇인지를 알 수 있는 안목이 중요시되는 것처럼(교육부, 보건복지부, 2019b), 부모에게 있어서도 유아의 놀이를 보면서 유아의 흥미와 관심이 무엇인지, 유아는 어떤 놀이를 하고 싶은 것인지, 그 놀이에 참여하면서 유아는 무엇을 생각하고 알아가려고 하고 있는지, 그 놀이에서 유아가 경험하고 있는 것은 무엇인지, 놀이가 어떻게 전개될 것인지, 놀이가 교육적으로 유의미하게 전개되도록 하려면 어떠한 지원이 필요한지를 아는 것이 쉽지는 않지만 매우 필요하고 중요하다.

부모는 유아의 성장과 발달에 있어서 매우 중요하며 유아와 밀접한 관계를 맺고 있는 존재임에도 불구하고 유아 자녀를 둔 부모가 자녀와 놀이 상황에서 상호작용을 어떻게 해야 할지 모르거나 어색하고 서투른 상호작용을 통해 부정적 상호작용을 하는 경우를 많이 볼 수 있다. 이는 부모가 어린 시절 자신의 부모와의 상호작용 경험을 기반으로 부모 역할을 수행하는 경향이 있기 때문에 그러한 상호작용 방식을 답습하여서일 수도 있고(강명화, 한진주, 2017), 유아의 발달에 대한 부모교육의 부족으로 인해 자녀와 어떻게 상호작용해야 하는지 잘 모르기 때문에 일어나는 현상일 수도 있다(이경화, 손유진, 2015). 최근에 자녀양육을 테마로 하는 대중매체 속 TV 프로그램에서도 교육적으로 부적절한 놀이 상황의 상호작용을 쉽게 볼 수 있고, 부모와 자녀의 관계 또는 유아의 발달 관련 상담센터에서도 부모와 자녀의 놀이 상황 관찰을 기반으로 문제점을 진단하고 해결책을 모색할 때 대부분의 부모와 자녀가 놀이를 매개로 상호작용하는 때에 유아 자녀의 흥미나 요구를 잘 이해하지 못하는 모습이나 바람직하지 못한 상호작용을 시도하는 부모의 모습을 쉽게 볼 수 있다(문성영, 심성경, 2020). 그런데 부모가 놀이하고 있는 유아에게 상호작용을 할 때는 때때로 유아의 어떤 말이나 행동이 놀이의 흐름에서 무엇을 의미하는 것인지를 제대로 이해하기 어려워서 부모로서 이 상황에 어떻게 반응하고 놀이에 응대하고 언어적으로 상호작용해야 할지 애매모호할 때가 많다(Johnson et al., 2006; Siegel, 1992).

부모가 놀이하는 유아와 상호작용하는 동안은 유아가 어떠한 지식 습득을 하도록 하기 위함이 아니라 유아의 주변 세계를 관통하는 지혜나 삶의 가치를 습득하도록 상호작용할 필요가 있다(Fein, 1985). 일차원적인 지식의 습득이나 배움의 기회를 제공하기 위한 상호작용이 아니라 유아 스스로 주도적으로 놀잇감을 조절하여 주변 세계를 적극적으로 탐색해나가도록 긍정적 지지를 하는 것이 중요하다. 유아가 마음껏 세상을 알아가고 유아의 상상력과 참신한 아이디어를 시도해보며 전개해볼 수 있도록 격려하고 지원함으로써 유아의 생각 주머니를 크게 하고 세상에 대한 긍정적인 생각과 유아 자신에 대한 올바른 자아상을 형성하도록 하는 좀 더 다차원적이고 깊이 있는 지혜의 습득, 삶을 바라보는 가치의 습득이 가능하도록 지원하는 부모의 역할이 중요한 것이다(Roopnarine & Davidson, 2015). 그동안 부모의 역할이 유아교육기관의 부모참여 활동에 대한 정보의 공유와 관련 자료의 지원, 유아교육기관의 유아교육에 대한 협력자로서의 일관성 있는 교육적 메시지의 공유 및 실행자였다면(오채선, 2019; 임부연, 2017), 개정 누리과정에서 말하는 교육과정 참여자로서의 부모는 유아에게 있어서 놀이가 무엇인지 그 의미를 정확히 올바르게 파악하며 유아가 참여해서 시도하고 전개해나가는 놀이 전반에 대한 이해를 기반으로 부모로서도 인지적 · 정서적 · 사회적 지원을 할 수 있고 유아주도적인 놀이 탐색 및 몰입에 대해 아낌없이 놀이참여자로서 함께 하며 지지해 줄 수 있는 적극적인 개념이라고 할 수 있다(최지현, 2020). 이것이 개정 누리과정의 연속선상에 있는 부모의 역할 중 가장 추구해야 할 접근방식이며 방향성이라고 볼 수 있다. 이를 위해 지금까지 유아교육에서 의미했던 부모의 역할로서, 교육 마인드의 공유자이자 지지자로서의 부모 역할과 교육자료의 지원자로서의 부모 역할이 어떤 것인지 살펴보고 궁극적으로는 개정 누리과정에서 말하는 교육과정 참여의 의미와 구체적인 내용에 대해 알아보도록 하겠다. 이 작업을 통해 기존 교육과정에서의 부모참여 내용과 개정 누리과정에서 지향하는 부모와 가정의 역할 내용이 함께 포함되고 확대되면서 교육과정 참여자로서의 부모의 역할을 조명해갈 수 있을 것으로 생각된다.

교육 마인드의 공유자이며 지지자

부모가 유아와의 놀이에 적극적으로 참여할수록 유아의 발달에 다각도의 영향을 미치게 되는데 긍정적 영향력을 갖도록 지원하려면 유아 자녀를 둔 부모가 자녀와 어떠한 놀이를 주로 하는지 현황을 알아볼 필요가 있다(허혜경, 2013). 주로 유아 자녀와의 놀이 상황에서 아버지의 놀이참여는 신체놀이가 가장 많았고, 게임이나 기능놀이가 주를 이루는 데 반해, 어머니의 놀이참여는 주로 역할놀이가 많았고 그 다음으로 기능놀이나 신체놀이 순으로 많이 하는 것으로 나타났다(문성영, 심성경, 2020). 우리나라 유아들의 가정 내 주 놀이 대상의 63.6%는 어머니와 형제자매이며(조숙인 외, 2017; 한진주, 2019 재인용) 주중보다는 주말에, 그리고 실외보다는 실내에서 주로 놀이하는 것으로 나타났다. 유아는 주로 가족들과 놀이할 때 집 안에서 놀이하는 경우가 72.7%로 가장 많았고 그 다음으로는 약 18% 정도로서 놀이터나 공원에서 놀이한다. 유아가 부모와 놀이할 경우, 가장 많은 놀이 형태는 미디어나 인터넷을 이용한 놀이(28.2%)로 나타났고, 역할놀이(17.7%), 신체활동 놀이(16.7%)가 대체로 일어나며, 그 밖에는 소수의 미술 만들기, 블록쌓기 놀이, 언어 인지 관련 놀이, 보드게임이나 전통놀이, 음악활동 놀이가 이루어진다(김윤희, 2019). 가정에서 부모가 유아 자녀들과 놀이를 하는 경우 중에서도 대부분의 부모들이 미디어나 인터넷을 이용하여 놀이하고 있기 때문에 진정한 의미의 유아 주도적 놀이보다는 매체를 통한 유아의 소극적이고 수동적인 지식과 학습의 놀이 경험이 많은 비중을 차지하고 있는 실정이며 부모는 유아가 이러한 놀이를 통해 학습하고 있다고 느끼며 긍정적으로 생각하는 경향을 보였다.

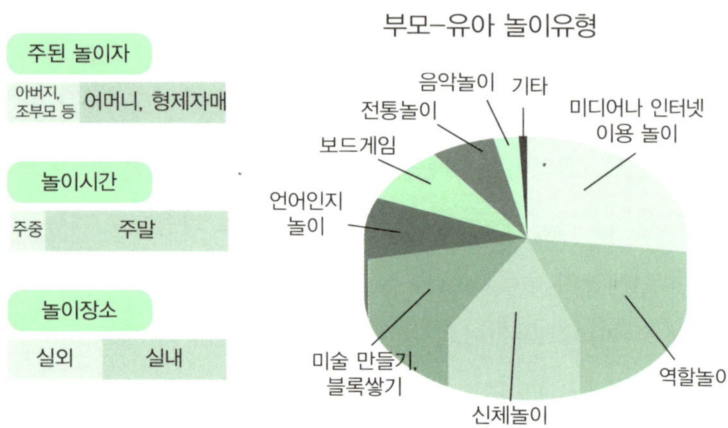

그림 1-4 유아 자녀와 부모의 놀이 현황

우리나라 유아의 경우 부모와 놀이를 함께 하는 경험은 주로 가정 내에서 이루어지는데 그중 대부분이 미디어나 인터넷을 통한 학습적 놀이 콘텐츠의 시청이나 미디어 기기와의 상호작용을 통한 학습놀이 시 부모가 함께 하는 정도이며 놀이터나 공원으로 나가서 놀이하는 경우에는 놀이공원이나 유아 대상 체험시설의 방문을 통해 새로운 경험의 제공, 실제적 경험을 갖도록 안내하는 역할로서 참여하는 것이지 적극적인 유아 중심의 놀이를 발현하도록 질 높은 상호작용을 하는 부모의 역할은 찾아보기 쉽지 않은 것이 현실이다. 따라서 우리나라 유아들이 가정에서 부모와의 놀이 상호작용을 좀 더 양질의 유의미한 경험으로 이끌어낼 수 있기 위한 질 높은 자료와 안내가 필요하다.

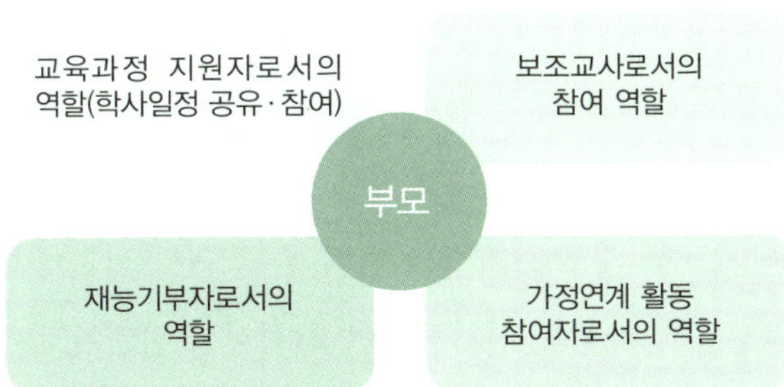

그림 1-5 교육 마인드 공유자로서의 부모 역할

지금까지 개정 누리과정 이전 교육과정에서의 부모 역할은 첫째 유아교육기관의 연간 학사일정을 공유하여 유아교육기관에서 가정의 참여가 필요할 때 적극적인 참여 및 지원을 할 수 있도록 했던 것이었다(고영실, 2009; 김명순 외, 2013; 이경화, 손유진, 2015; 최혜순, 김찬숙, 2011). 예를 들어 현장체험학습일에는 유아가 다른 날과 달리 버스 출발시간 전에 등원할 수 있도록 하고 간편한 복장이나 특정 준비물, 또는 도시락 등을 가정에서 준비해야 할 때 해당 정보의 공유 등이 있을 수 있다. 부모참여수업일의 경우에는 부모로서 참여하도록 권유하고 유아의 활동을 위한 준비를 필요로 하는 일정에 대해 공유하는 것을 의미한다.

둘째 자원봉사자로서의 부모참여를 위한 공유로서, 유치원

김장하는 날의 경우 부모의 자원봉사 참여 신청을 미리 받아 활동의 보조교사로서 함께 한다거나 유아들이 현장체험학습을 갈 때 민속촌이나 동물원처럼 넓은 야외 공간으로 가게 되어 어린 연령의 영유아 인솔에 교사 외 부가적인 성인의 도움이 필요할 때 부모가 보조교사로서 자원봉사 하는 경우가 있다.

셋째 유아 활동에 대한 참여자로서의 역할인데 유아들이 기부를 위해 자신들이 만든 크고 작은 작품들을 판매하는 벼룩시장을 한다고 할 때 부모가 참여하여 손님 역할을 한다거나 유아가 자신들의 작품을 전시한다면 전시회의 관람자로서 초대될 수도 있다. 외국인이 많은 지역의 유아교육기관은 다양한 국가와 문화를 유아들이 경험할 수 있도록 해당 국가의 부모가 자국의 동화를 해당 국가의 언어로 읽어주는 활동의 일일교사 또는 정기적인 주간교사로서 참여하는 경우도 있다.

넷째 기존의 주간교육계획안 또는 사후활동일지 형식의 가정통신문을 통해 유아교육기관에서 진행 중인 교육에 대한 가정연계 활동을 추진하는 경우에 유아가 참여하고 있는 교육적 경험이 무엇인지를 가정과 공유하면서 부모가 유아교육기관의 교육적 활동의 연속선상에서 함께 유아의 교육 경험 극대화를 위해 협력하도록 할 수 있다. 동시에 유아교육기관에서 이루어지고 있는 교육적 활동을 가정에 알리는 일은 가정에서도 연속적으로 관련된 상호작용을 통해 유아가 교육적 개념 및 경험을 확장하도록 지원할 수 있다.

교육자료 지원자

교육과정 참여자로서 부모의 역할 중 유아교육기관에서 수행하게 될 교육자료 지원자로서의 역할도 간과할 수 없는 내용이다. 유치원에서 유아들이 동물에 관심을 갖기 시작하다가 펭귄에 대해 특별한 관심을 보이게 되면서 한 달여간의 기간 동안 펭귄과 관련된 다양한 놀이가 이루어졌던 때의 일이다. 매주 금요일 가정에 보내는 가정통신문을 통해서 유아들의 펭귄에 대한 관심을 알리고 다음 주에 예상되는 활동에 대한 안내와 함께 펭귄과 관련된 인형이나 유아에게 교육적으로 도움이 될 만한 자료(포스터나 소품들, 또는 유치원 교실 벽면에 부착하여 펭귄 관련 정보를 공시할 수 있는 자료 등)나 다양한 종류의 펭귄 관련 어떠한 내용의 책이 있다면 적극적으로 보내주기를 요청하였다. 그리고 이 자료들은 약 한 달여간 사용 후 다시 깨끗한 상태로 돌려보내겠다는 약속도 함께였다. 가정에서의 적극적인 관심과 지원이 유아들에게 매우 의미 있는 교육 경험을 줄 것이라는 점도 부모에게 전달하는 메시지에 포함되어 있었다. 어떤 일이든 한 명의 생각보다는 두 명의, 두 명보다는 여러 명의 다양한 관점과 협업이 더 큰 시너지 효과를 이루어내는 것이 집단지성의 진리이듯이, 유치원에서만 준비할 때보다 더 다양한 교재 · 교구와 자료들, 책들이 공유되면서 유아들이 경험할 수 있었던 펭귄, 그리고 펭귄이 살고 있는 남극에 대한 깊이 있고 잊지 못할 놀이와 교육의 기회가 주어질 수 있었다. 이처럼 유아교육기관의 교육과정에 대한 교육적 자료의 지원과 지지도 중요한 역할이다.

또한 부모의 재능기부를 통한 유아교육기관의 교육적 기회 제공의 역할이 있을 수 있는데, 미국의 인디애나 대학교 부속 유아교육기관인 Hoosier Courts Nursery School의 만 3세반은 다양한 전공의 교수, 연구원 및 대학원생의 자녀들이 소속되어 있어서 부모의 전공분야에 대해 유아들에게 특별한 경험을 제공할 수 있는 장점이 있었다. 한 번은 동물학 중 뱀을 전공하는 대학교수가 한 유아의 부모였기 때문에 케이지에 들어 있는 3마리의 큰 뱀을 직접 유치원 교실로 가지고 와서 유아들에게 뱀의 특성, 서식지, 먹이, 환경 등에 대해 설명해주고 그 중 가장 큰 비단구렁이를 희망하는 유아들 모두에게 한 명씩 목에 둘러보도록 하는 경험을 했다. 약 15년이 지나 지금은 성인이 된 그 유아가 아직도 그날 목에 올라왔던 비단구렁이의 촉감과 움직임, 온도와 느낌을 기억하고 있고 파충류를 좋아하게 된 것은 우연이 아닐 것이다. 물론 독이 제거되어 안전한 뱀이었고 숙련된 전공자가 함께 했기 때문에 가능했던 특별한 기회였는데 유아들은 그 경험을 토대로 한동안 뱀과 관련된 놀이에 몰입하여 추후 파충류로 놀이가 확장되었고 많은 지식과 정보, 탐색적 놀이가 가능했다. 부모가 지역사회 전문가로서 참여하여 유아들에게 책이나 동영상 자료로만 간접적으로 경험할 수도 있는 내용을 직접 경험을 통해 더욱 의미 있게 제공할 수 있으며 이는 유아에게 단편의 경험으로 끝나는 것이 아니라 이러한 특별한 경험을 통해 유아가 이전에 가지고 있던 고정관념이 사라지면서 주변의 사물과 현상을 바라보는 유연하고 열린 관점을 가질 수 있도록 하는 역할을 할 수 있다.

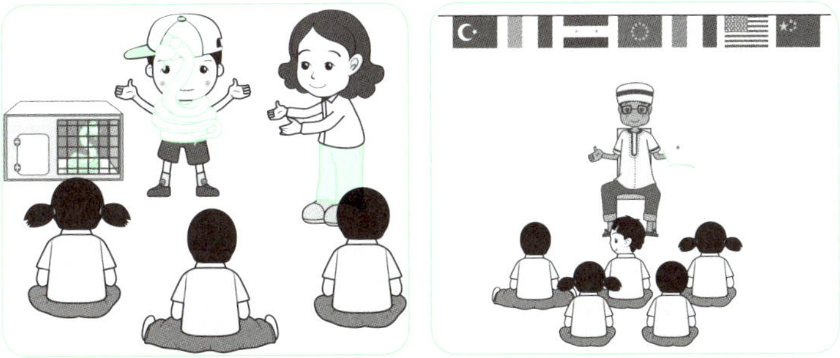

그림 1-6 부모의 재능기부를 통한 교육 경험의 제공

그리고 가정에서 더 이상 사용하지 않는 크고 작은 상자라든지 다양한 형태와 재질의 포장재 등을 유아교육기관에 보내어 유아들이 조형활동을 하는 데 활용할 수 있도록 교육적 재료를 지원할 수 있다. 유아는 무언가를 만들고자 하는 자신의 아이디어로 시작하여 그 아이디어를 구체화하기에 적합한 재료를 모아 해당 작품을 구현해내기도 하지만, 이와는 정반대의 접근방식으로 유치원 교실이나 조형 영역에 준비되어 있는 폐품이나 재료를 보고 순간적으로 연상되는 무언가를 만들어내기 위해 조형활동을 시작하기도 한다. 즉 다양한 모양, 재질, 형태의 재료들이 많이 제공될수록 유아들의 생각과 아이디어가 구체화될 수 있고 창의적인 상상을 통한 작품의 구현이 이루어지는 것이다. 유아는 두꺼운 재질의 큰 상자들을 이용해서 크고 웅장한 작품도 만들어내지만 작고 아기자기한 화장품이나 초콜릿 등의 포장상자들을 이용해서 좀 더 세부적인 표현을 해나갈 수가 있다. 예를 들어 한 유아가 로봇을 만들고 싶은 생각에 크고 두툼한 상자는 머리나 몸체로 이용하고 긴 형태의 상자는 팔과 다리로 사용하는데, 이처럼 로봇의 큰 형체를 구성하는 상자 외에 좀 더 작은 형태의 상자 등을 이용해서는 로봇의 세부적인 작동버튼이나 컴퓨터 화면, 머리를 구성하는 요소들 등 세밀하고 구체적인 표현이 정밀한 관찰과 함께 조형작품으로 구현되도록 이용될 수 있는 것이다. 이를 위한 유아교육기관 구성원들 중 부모로서도 함께 교육활동의 재료를 제공하는 역할을 할 수 있겠다.

여기에 덧붙여 유아교육기관에서 유아들과 함께 논의하여 진행하는 교육활동을 지원하는 역할로서의 부모의 참여도 있다. 스위스 제네바 공립초등학교 내 유치원에서 유아들이 주도적으로 아프리카의 어린이들에게 기부를 하기 위해 벼룩시장을 하려고 하였다. 유치원에서도 유아들이 판매할 수 있는 물품으로 책갈피나 구슬 액세서리, 헤어핀 등을 만들었지만 동시에 가정에도 도움을 요청하여 집집마다 더 이상 사용하지 않는 물건들, 즉 유아의 작아진 옷이나 신발, 쓸모없어진 장난감 등을 보내도록 하였다. 의미 있는 교육적 활동을 지원할 수 있는 부모의 역할을 통해 유아로 하여금 다른 사람을 도울 수 있는 소중한 나눔과 기부의 기회를 갖게 하였으며 향후 성장하여서도 사회적인 기부와 더불어 살아가기 위한 소중한 가치를 알아갈 수 있도록 교육적 기여를 할 수 있었던 경험일 것이다. 또 다른 예로서는 유치원에서의 생일축하를 위해 생일을 맞은 유아가 어떻게 성장했는지를 선생님과 친구들에게 소개할 수 있도록 유아의 태어났을 때부터 현재까지 해마다 한 장씩의 사진을 준비하고 이와 함께 각 사진별로는 간략한 설명을 작성해 보내도록 하거나, 나와 가족에 대한 이야기를 나누기 위해 유아의 가족사진과 소개 내용을 가정으로부터 받을 수 있는데 이 모두가 부모의 도움과 지지로 가능한 예라고 할 수 있다.

그리고 유아교육기관별로 가정 연계 프로그램을 운영하는 경우가 있는데 이때 부모는 가정에서 유아가 교육적 활동을 할 수 있도록 참여하고 도움을 주는 주요 역할을 감당하게 된다. 예를 들어 미국 유치원에서 진행되었던 가정 연계 프로그램 중 하나였는데 교실에 흰 토끼인형인 버니(Bunny)가 있고 버니와의 이야기를 적을 수 있는 앨범 형식의 책자가 있었다. 희망하는 유아는 3일간 버니와 책자를 자신의 집으로 가져가서 주말 동안 버니와 지낸 이야기를 사진과 글 등으로 기록하고 월요일 등원과 함께 이야기나누기 시간에 소개하는 활동이었다. 유아마다 버니와 책자를 가져가기 전에는 버니와 어떠한 추억을 만들 것인지 계획을 이야기하고 직접 주말을 보내고 와서는 버니와의 일상에 대해 알려주며 학기 말이 되면 반의 거의 모든 유아들이 버니와의 추억을 책자에 남기며 멋진 책 쓰기 활동이 함께 이루어지게 된다. 이는 버니라는 친구를 통해 유아의 주말 이야기를 특별하게 의미 부여하면서 동시에 기록을 통해 유아가 자연스럽게 발표력을 향상시키도록 하는데 만 3~5세 유아 모두 참여하는 활동이었기 때문에 가정에서 부모의 적극적인 관심과 참여가 함께 있어야 했던 활동이었다. 유치원에서 이야기나누기 할 때 주로 발표하는 유아만 하고 수줍음을 많이 타거나 발표의 경험이 적어 어려워하는 유아들은 그만큼 발표 기회가 적은 경우도 많은데 유아가 말할 거리인 어떤 매개물(여기선 버니와 함께 했던 주말 이야기와 책자의 사진 및 글)이 있으면 유아가 한결 쉽게 발표에 접근할 수 있게 된다. 실제로 주말 동안 할아버지 댁을 방문하면서 마당에 있던 목화솜을 가져와서 친구들에게 소개하게 되면서 교사는 해당 목화솜을 가지고 온 해당 유아에게 이것은 어디서 났는지, 왜 가져오게 되었는지 등 자연스럽게 이야기할 거리가 생기고 유아는 목화솜이라는 매개물이 있기 때문에 처음에는 단답식으로 어렵게 말하기 시작했지만 이내 할아버지 댁에서 있었던 이야기들이 자연스럽게 이어지면서 발표의 기회를 갖게 되었다. 적극적인 부모의 가정 연계 프로그램 참여가 자녀의 긍정적인 자아상과 발표력 향상, 사고의 정교화를 도울 수 있었던 것이다.

지금까지 소개한 내용은 개정 누리과정 이전에 교육자료 지원자로서의 부모 역할이었다고 할 수 있다. 이러한 내용들과 함께 개정 누리과정에서 더욱 추가되고 강조된 점들은, 먼저 교육자료 지원자로서 부모가 역할을 수행할 때 이전보다는 유아를 주도적으로 참여시키며 유아의 아이디어와 의지가 최대치로 반영되는 교육자료의 준비와 제공이 가능하도록 부모의 신념과 태도를 세우는 것이 우선되어야 하겠다(김윤희, 2019; 문성영, 심성경, 2020; 오채선, 2019; 한진주, 2019). 지금까지는 부모의 재량에 따라 유아의 주도적 참여 정도가 달라졌다면 개정 누리과정의 적용과 함께 부모교육 관련 자료를 통해 유아 주도성의 중요성, 유아가 적극적으로 준비하고 참여하도록 지지하는 부모의 역할을 강조하고 이를 실행할 수 있는 부모의 역량을 강화하도록 지도할 필요가 있다. 부모가 가정에서 교육자료를 제공하기 위한 전 과정 중 유아의 흥미와 생각, 의도와 마음을 올바르게 읽을 수 있고 유아에게 양질의 발문을 통해 상호작용함으로써 유아가 생각을 확장시키는 또 다른 경험을 갖도록 지원할 수 있는 부모로서의 역량 함양이 요구된다.

교육과정 참여의 의미, 구체적 내용

2019 개정 누리과정이 나오게 되면서 개정 누리과정 연구에 참여했던 집필진들의 강연을 통해 적극적인 교육과정 참여자로서의 부모의 역할이 필요하다는 것이 발표되었다. 일상이 놀이이며 놀이를 통해 주변 세계를 탐색하고 알아가는 유아에게 있어서 부모는 놀이의 가치와 중요성, 놀이가 유아에게 어떠한 긍정적 영향을 미치는지, 유아가 놀이에 몰입하는 경험을 갖도록 하기 위해 부모로서 어떠한 지지와 지원을 해야 하

는지, 부모로서 유아의 놀이를 지원할 수 있는 바람직한 상호작용은 무엇인지를 생각해보게 하고 제대로 이해하며 실천하도록 하는 것이 핵심이다. 과연 개정 누리과정에서 지향하는 교육과정 참여자로서의 부모의 의미는 무엇이며 그 구체적인 내용은 무엇일지 살펴볼 필요가 있다.

육아정책연구소(2020)에서 밀레니얼 세대의 육아 트렌드를 6가지 키워드, 즉 패치육아로서 '서비스 패치'와 '아이템 패치', 위주시대로서 '근사한 엄마'와 '아빠 육아', 혼자 또 같이로서 '테크투게더'와 '네트워킹 육아'라고 제시하였다. 패치육아는 자녀 양육을 효율적으로 할 수 있는 서비스나 기기를 아낌없이 활용하는 스마트한 육아방식을 의미하며 위주시대는 자녀 양육을 위해 무조건 희생하는 전통적인 부모시대 육아가 아니라 자신의 성장과 발전, 자기 관리를 포기하지 않는 근사한 엄마와 자녀 양육에 적극적으로 동참하는 아빠 육아로서 나타난다. 또한 혼자 또 같이는 테크놀로지 기기나 온라인 네트워킹을 통해 자녀 육아에 필요한 정보를 공유하고 쉽게 검색해서 도움을 받는 육아 방식의 트렌드를 말한다. 따라서 자녀의 놀이를 부모로서 지원할 수 있는 방법에 대한 가이드라인을 온라인상에서 쉽게 접할 수 있도록 제공하며 부모 친화적인 방식으로 알기 쉽고 실천하기 편리하게 동영상이나 일대일 상담의 형식으로 언제나 원하는 장소에서 원하는 시간에 활용할 수 있는 형태로 제공할 필요가 있다. 또한 부모놀이 워크숍을 통해 자녀의 놀이를 지원하는 부모의 역할을 실질적으로 점검 받고 수정해갈 수 있는 지원체계와 함께 온라인 부모교육 콘텐츠인 "놀자" 포스트의 구축을 통해 유아의 놀이에 대한 부모 역할 정보를 공유 및 확산 가능하도록 해야 한다.

교육과정 참여자로서의 부모를 대상으로 유아 자녀에게 있어서 놀이는 어떤 의미라고 생각하는지 알아본 결과 놀이는 유아에게 즐거움 · 신남 · 행복이라고 응답하였고, 유아 자녀의 놀이는 자녀의 전인적인 발달에 긍정적인 영향을 미칠 수 있는 방향으로 이루어지면서 특히 유아가 놀이를 통해 배울 수 있는 시간이 되기를 바라는 것으로 나타났다(강승지, 2018; 고진영, 2020). 이는 대다수의 부모가 유아는 놀이를 통해 지식을 구조화하고 배워 간다는 것을 이해하고 있으면서도 일부의 부모는 아직까지 학습적 측면에서 활용되는 놀이의 가치를 더 우선시하는 경향도 있다는 것을 알 수 있다. 따라서 교육과정 참여자로서 유아와 놀이를 통해 교육적으로 유의미한 상호작용을 하도록 지원하는 부모가 될 수 있도록 놀이 자체의 가치가 단편적인 학습 경험의 제공이라는 목표보다 더 광범위한 면에서 향후 유아의 성공적인 전인적 발달 전반에 얼마나 유용하고 의미 있는지를 이해하도록 교육하는 것이 가장 선행되어야 한다(최지현, 2020; Roopnarine & Davidson, 2015). 또한 현대 육아는 전통적인 방식처럼 엄마에게 국한되지 않고 적극적으로 육아에 참여하는 아빠의 역할도 중요하게 고려해야 하며 조부모의 양육 참여 역시 증가하고 있어서 유아의 놀이를 통한 교육에 대해 부모, 필요시 조부모, 주요 양육자 대상의 프로그램이 설계

되고 실행되어야 한다.

부모가 유아와 놀이를 통해 상호작용하는 방식은 주로 부모 중심으로 이루어지는 경우가 많다. 놀이 중심 교육과정에서 말하는 부모와 유아의 놀이 상황은 유아 주도적으로 이루어져야 하므로 부모가 특정 활동을 하기 위해서 유아에게 놀이방법을 알려주고 놀이를 하면서 많은 단편적 질문과 함께 놀이 방향을 이끌어가는 형태의 상호작용은 지양해야 한다(교육부, 보건복지부, 2019b). 유아 중심의 놀이가 발현되도록 하기 위해서는 유아를 엔터테이닝 하지 않아야 한다(Babuc, 2015; Stevenson et al., 1998). 많은 성인 부모들의 오해가 유아를 즐겁게 해줘야 하고 흥미롭고 재미있는 자료와 활동의 준비가 필요하다고 생각하는 것인데, 오히려 유아가 지루해야 스스로 놀이를 생각해내고 시도하면서 전개해나가고 자유롭고 유연한 생각의 흐름을 통해 놀이의 내용과 방향이 형성되게 된다. 혹자는 이것을 성인 부모와 유아 사이의 공놀이로 비유하여 표현하기도 하는데 유아가 공을 던지면 성인 부모는 이를 받아 다시 유아에게 튕겨 보내고 공을 받은 유아는 다시 공을 튕겨 부모에게 보내는 일련의 상호작용이 계속 이루어지는 것이다(Barnett, 1990; Singh & Gupta, 2012). 여기서 중요한 것은 유아가 처음에 공을 던지기 시작해서 놀이가 시작되었다는 점이며, 부모는 유아의 공 튕겨 보냄에 대해 계속 반응하여 공을 다시 되돌려 던져준다는 것이다. 이것이 성인 부모와 유아 간 상호작용의 시작과 지속의 필요 요소를 함축적으로 알려주는 비유라고 할 수 있다. 이를 위해서 유아를 재미있는 프로그램으로 엔터테이닝할 경우, 유아 스스로 생각하는 기회를 잃을 수 있기 때문에, 유아가 생각하도록 하고 놀이를 주도할 수 있도록 하는 인지적 여백을 갖도록 하는 것이 필요하다.

인지적 여백이 있도록 하는 것은 유아가 흥미를 느껴 시작하는 놀이를 충분히 몰입해서 할 수 있도록 기회와 시간, 지지를 제공해주는 것이다(Fogle, 2003; Manz & Bracaliello, 2016). 예를 들어 식탁의자에 앉은 유아가 우연히 수저를 떨어뜨려서 바닥에 떨어지는 순간 들리는 소리에 흥미를 느끼게 된다. 부모는 수저를 씻어서 다시 식탁의자 위에 올려놔 주지만 유아들은 어떻게 할까? 거의 대부분의 유아는 아마 수저를 다시 떨어뜨릴 것이다. 수저를 놓으면 아래로 떨어지는지, 떨어져 바닥에 닿을 때 아까처럼 소리가 들리는지 알아보기 위해서 계속 떨어뜨려 볼 것이다. 이는 만유인력의 법칙과 물체의 부딪힘으로 발생하는 소리에 대한 과학적 탐색이 이루어지는 가설 설정과 실험을 통한 증명이라고 할 수 있다. 이처럼 유아가 스스로 흥미를 가지고 놀이가 시작되고 전개되는 것이 유아 중심의 놀이이며 여기서 유아의 흥미가 의미 있는 교육적 순간으로 연결되는 놀이로 이어질 수 있도록 부모가 정서적 지원과 적절한 상호작용을 할 수 있어야 하겠다.

부모가 부엌에서 설거지를 하는 동안 유아 자녀가 싱크대 문을 열고 차곡차곡 쌓여 있던 냄비를 하나하나 꺼내어 늘어놓고 두드리면서 탐색하다가 다시 하나둘씩 싱크대 안으로 쌓아넣고, 다 쌓아넣은 후에는 다시 하나씩 꺼내다가 두드리며 탐색하는 행동을 반복하는 것 역시 유아가 흥미를 가지고 시작된 놀이이며 그 놀이를 통해 안과 밖, 쌓기와 소리 만들기 등의 다양한 개념을 알아가는 것이다. 이는 유아가 놀이의 주도권을 가지고 있고 유아의 흥미가 가장 중요한 놀이의 동기로 작용하면서 놀이의 방향은 유아의 의식 흐름에 따라 유연하고 융통성 있게 흘러가는 예라고 할 수 있다.

지금까지 유아 주도적인 놀이의 모습과 부모의 역할에 대해 알아보았다. 유아 중심의 놀이를 지원하기 위해 부모가 자녀의 연령별 발달에 적합한 놀이를 이해하고 놀이 상황에서 부모로서 상호작용하는 방법을 구체적으로 이해하며, 유아 자녀가 가지고 있는 흥미와 호기심이 놀이의 형태로 어떻게 발현되는지에 대해 알게 되면 그것을 실제로 실천하고 적용하는 상황과 맥락별 피드백 제공이 가능한 생애주기별 부모교육 프로그램의 개발도 필요하다(MacDonald & Parke, 1984; Roopnarine & Davidson, 2015). 부모가 맞벌이 부부인지, 전업주부로서 종일 유아와 상호작용이 가능한지, 아빠가 육아휴직을 통해 자녀를 온전히 양육하고 있는 상황인지, 조부모와의 상호작용도 고려해야 할지를 살펴보면서 부모의 놀이에 대한 인식과 태도를 올바르게 형성하도록 하고 유아와의 지속적인 상호작용을 통해 유아의 놀이를 극대화할 수 있는 부모의 역할이 그 어느 때보다 중요하게 조명되어야 할 것이다.

놀이참여자로서 부모의 역할

개정 누리과정에서 부모의 역할은 유아의 놀이에 대한 참여자이며 동반자로서의 중요한 역할을 의미한다. 놀이참여자로서의 부모 역할 측면에서 가장 중요한 포인트는 먼저 놀이의 주도권을 유아에게 주어야 한다는 점이다(교육부, 보건복지부, 2019b). 대부분의 부모 지원 자료들을 살펴보면 유아 자녀와 함께 놀이할 수 있는 다양한 놀이자료나 놀이방법의 소개, 또는 자녀와 함께 방문할 만한 놀이 장소에 대한 안내 등이 주를 이룬다(문성영, 심성경, 2020). 그러나 이러한 자료들 대부분은 성인인 부모 위주로 만들어져 있어서 성인이 어디로 유아들을 데려가서 어떠한 활동을 미리 준비했다가 유아들로 하여금 그 활동을 해볼 수 있도록 안내하고 이끌어야 하는지에 대한 내용으로 구성되는 경향이 있다. 그러나 개정 누리과정은 성인에 의해 시작되고 이끌어지는 놀이가 아니라 유아가 스스로 생각하며 유아의 흥미와 호기심이 주가 되어 시작되는 놀이 아이디어를 유아 주도적으로 펼쳐나가고 유아 스스로 놀이 과정을 즐기며 그 과정 속에서 다양한 개념과 가치를 경험하고 학습하게 되는 궁극적 지식의 구조화 과정에 적극적으로 참여할 필요가 있다(Jiang & Han, 2016). 예를 들어서 숲 놀이를 한다고 가정할 때 유아 주도적인 숲 놀이의 놀이양상과 부모 또는 성인 주도적인 숲 놀이의 놀이양상은 분명히 다를 것이다. 유아 주도는 유아가 자연의 재료들을 만지고 탐색하며 놀이의 스토리가 점차 예상할 수 없는 방향으로 전개되어 가고 그 과정에서 다양한 자연 재료가 이용 · 변형되며 놀이에 몰입하는 매개물로서 활용될 것이다. 그러나 부모 주도적인 숲 놀이는 부모가 유아에게 '이렇게 해보자', '이것을 만들어보자'라거나 '이것 이것을 가져오라'고 하는 등 많은 부모 지시적 · 부모 안내적 발문과 활동이 주를 이루게 되며, 이 과정에서 유아는 스스로 내면의 목소리를 들으며 생각할 수 있는 인지적 여백을 경험하는 여유보다는 부모의 안내에 의해 이끌려지는 수동적인 놀이참여자로서 놀이를 경험하게 될 것이다(Babuc, 2015). 이것은 개정 누리과정의 유아 · 놀이 중심 교육과정에서 추구하는 진정한 의미의 유아 중심 놀이가 아니므로, 놀이의 참 의미, 유아가 갖는 자신의 놀이에 대한 주도권과 놀이권, 놀이의 진정한 가치를 경험하게 하는 교육 프로그램이 우선적으로 강조되어야 한다.

그러려면 부모가 유아의 놀이를 이해하기 위해 유아와 같은 놀이참여자, 즉 유아와 함께 놀며 함께 웃는 경험을 하면서 실컷 놀아봐야 한다. 마치 부모가 유아기로 돌아간 것처럼 놀잇감을 가지고 자기주도적인 놀이에 참여해보는 것도 좋은 경험이 될 수 있다. 실제 개정 누리과정에 대한 연구에 참여했던 놀이 중심 유치원들은 놀이참여자로서의 부모 역할을 탐색하기 위해서 부모를 교육에 참여시키기 위한 시도를 했었고 놀이 중심 교육과정의 여러 요소 중 가장 적용하기 힘든 분야가 바로 부모의 참여이며 부모의 역할에 대한 연구였다고 한다. 이것을 개선하기 위해 한 연구참여 유치원에서 방과후에 해당 유치원 담임 교사들에게 유아처럼 쌓기놀이 영역에서 놀이하도록 충분한 블록과 놀이시간을 제공해보았다. 그리고 그 과정에서 교사들이 '왜 유아들이 블록놀이 시간이 부족하다고 했는지 알겠어요', '왜 아이들이 블록이 더 필요하다고 했는지 알겠어요'라는 응답을 하였고 유아의 놀이를 조금이나마 이해할 수 있는 계기가 되었다. 이 연장선상에서 해당 유치원은 부모를 대상으로 강당에서 유아용 놀잇감을 제공하고 놀이해보도록 하였고 그 과정에서 부모들이 직접 놀이해본 경험을 통해 유아들이 왜 놀이를 좋아하는지 이해하게 되고 유아들이 놀이할 때 어떠한 감정과 정서 상태가 되는지, 유아들이 놀이할 때 왜 시간 가는 줄 모르는지 등 성인으로 바라볼 때 미처 생각하지 못했던 유아들의 놀이에 대한 이해가 이루어지는 것을 볼 수 있었다. 이러한 경험을 통해 부모들은 유아의 놀이를 바라보는 인식의 변화를 경험하게 되었으며 이후 유아의 놀이에 대한 긍정적 태도나 인식, 충분한 시간의 제공이나 유아의 생각과 의도를 존중하는 상호작용이 증가하였다. 따라서 부모가 유아의 놀이를 긍정적으로 지원할 수 있도록 하는 교육자료의 제공이나 부모교육 프로그램의 운영도 필요하다. 유아는 교육적 놀이만 추구하는 것이 아니므로 놀이의 진정한 가치를 이해하고 접근해야 하기 때문이다.

두 번째로 중요한 점은 부모가 자신의 유아 자녀와 잘 놀기 위해서는 진정한 부모-자녀 관계 회복과 라포 형성이 우선되어야 한다는 것이다(Siegel, 1992; Wood & Attfield, 2013). 지금까지 부모가 유아의 학습적인 놀이에만 관심을 갖고 단편적인 지식의 전달에만 급급했다면, 유아의 놀이 상황에 부모의 발문이나 유아와 상호작용해 보고자 시도하는 언어나 행동이 유아에게는 지시나 가르침, 일방적 훈육으로 인식될 수 있다(Lin & Li, 2018). 이것은 부모의 내면적 의도의 메시지가 왜곡되어 유아에게 잘못 전달되면서 유아의 놀이가 몰입과 집중, 흥미와 관심의 확장으로 이어지지 못하고 회피와 불안정한 상호작용으로 이루어지게 될 가능성이 크다(Roopnarine, 2011).

따라서 평상시의 일상생활에서 부모가 자녀와 어떠한 관계성을 형성하고 있었으며 부모가 기본적으로 자녀를 어떻게 생각하고 상호작용해 왔는지가 놀이 상황에서도 그대로 부모와 유아 간의 관계 형성과 상호작용 형태로 드러나게 된다(Babuc, 2015). 부모가 자녀를 유능한 존재, 놀이하며 스스로 지식을 구성할 수 있는 존재라고 인식하고 있을 경우에는 일상생활에서의 부모-자녀 관계 역시 긍정적인 방향으로 유아가 부모의 인정과 칭찬 속에서 만족감 있게 생활하며 주변 세계를 진지하게 탐색할 수 있게 된다(Fein, 1985; Johnson et al., 2006; Manz & Bracaliello, 2016). 반면에 부모가 자녀를 불완전하고 미성숙하여 많은 부분 알려주고 바로잡아 줘야 한다고 인식하고 있을 경우에는 일상생활에서도 부모-자녀 관계가 부정적이거나 훈육과 야단치는 상호작용이 많고 유아가 스스로 시도하고 실수도 해보는 기회를 제공하기보다는 부모가 대신 해주거나 유아에게 부정적 언어와 행동을 통해 상호작용하게 된다(Singh & Gupta, 2012). 이 경우 놀이 상황에서 부모가 선의로 유아에게 특정한 언어와 행동을 통해 다가가려고 할지라도 유아가 부모의 다가옴을 불편해하거나 부모가 자신을 지적하는 행위로 간주하여 미리 차단하려고 하거나 타인의 놀이참여를 받아들이지 않고 혼자만의 세계에서 놀이하고 싶어 하는 경향을 보인다(Wood & Attfield, 2013).

지금까지 부모가 유아 자녀의 놀이를 지원하는 내용의 자료는 수없이 많이 나왔으나 주로 박물관이나 공원, 동물원 등 어떤 특정한 장소에 방문하여 놀이할 수 있다거나, 어떤 놀잇감을 가지고 어떤 놀이를 할 수 있는데 그 놀이방법은 어떠어떠하다는 식의 성인 부모 중심의 안내 방법을 알려주는 내용이 주를 이룬다. 그러나 부모가 놀이하는 유아와 교육적으로 유의미하게 상호작용하기 위해서는 어떻게 신뢰감을 형성하고 유아가 주도적으로 자신의 생각을 존중하며 놀이를 시작하고 몰입하는 안정된 정서를 갖도록 할지, 유아가 자신의 유능함을 믿고 놀이 상황을 즐기며 생각이 떠오르는 대로 마음껏 유연하게 놀이를 변형해갈 수 있는지가 부모의 유아 놀이 지원에서 더욱 중요하다(Haight et al., 1997). 가시적으로 보이지는 않지만 부모와 유아 간 상호작용 시 내면에 흐르는 부모의 유아에 대한 정서적 지지가 유아 주도적 놀이 상황에서는 무엇보다 중요하며 이는 유아의 자존감, 애착 형성에도 전반적으로 긍정적인 영향을 미칠 것이다(MacDonald & Parke, 1984; Lin & Li, 2018).

세 번째로 중요한 점은 개정 누리과정에서 말하는 교사 중심의 학습공동체처럼 부모들로 구성된 놀이에 대한 부모소모임이 필요한데 이는 온라인 기반으로 이루어져서 오프라인이 병행될 수 있는 구조여야 바쁜 일상에서 쉽고 빠르게 정보를 활용하도록 실질적인 지원을 해줄 수 있다. 부모소모임의 경우는 교사의 학습공동체와 달리 교육전문가가 리더로 함께 참여하는 방식도 있을 수 있고 부모 중 한 명 이상이 리더와 같은 구심점이 되어 운영될 수도 있다. 부모교육을 위해 제공된 자료, 특히 자료의 내용인 콘텐츠(contents)를 활용해서 부모 스스로가 지금 잘 하고 있는지 점검하며 부모소모임 참여자가 서로 모니터링 해줄 수 있는 방향으로 이루어진다면 바람직할 것이다.

네 번째로 생애주기적 부모 역할에 대한 지원체계가 필요한데 이는 부모의 생애주기와 유아의 발달적 생애주기별 프로그램으로 생각해볼 수 있다(Roopnarine, 2011). 예를 들어 영아기의 경우 옹알이에 어떻게 반응해야 할지, 영아와 눈과 눈의 아이컨택을 하면서 상호작용하는 놀이의 중요성, 영아가 주도적으로 자신의 신체를 탐색하는 것이 가장 중요한 발달적 놀이 유형이므로 이를 이해하고 존중하며 충분한 탐색의 시간을 확보해주는 것이 중요하다. 특히 영아기의 경우에는 부모가 아이에게 말을 많이 해주면서 다양한 모국어의 표현을 접하도록 해주고 즐거운 라임이나 노래를 많이 들려주면서 언어의 유희성과 함께 긍정적이고 즐거운 놀이로 연결하는 경험이 필요할 것이다.

근래에 와서 유아가 기거나 걷기 시작할 때 안전을 위해 유아가 이동할 수 있는 영역을 표시하고 높은 울타리로 이를 막아놓는 경우가 있는데 이는 유아로 하여금 이동해서 탐색할 수 있는 공간을 제한받게 하여 주도적으로 다양한 놀이를 하고 다양한 사물과 공간을 탐색할 수 있는 기회를 방해하게 된다. 이 시기는 특히 유아가 주도적으로 공간을 이동하면서 만나는 환경을 탐색하도록 격려하고 이러한 주도적 공간 이동과 사물 탐색이 존중될수록 유아가 시작하는 놀이에 대해 긍정적인 인정과 칭찬의 메시지를 전달하게 된다. 이것이 부모-자녀 간의 신뢰를 형성하고 유능한 유아로 성장하는 데 필요한 정서적 성향인 유아의 주도적인 놀이 몰입 경험의 안정성을 획득하도록 한다(Aktas & Saribas, 2020; Roopnarine & Davidson, 2015). 만약 이때 유아가 주변 사물을 탐색하고 이동하려고 하는 시도들을 지나치게 금지하거나 중단시키며 유아의 주도적 놀이 경험이 부족하거나 부재하게 되면 향후 유아 주도적 놀이를 위한 정서적 기반의 형성과 성장, 발달을 기대하기 어려워진다. 이는 내적동기부여, 과제집착력, 몰입, 지구력 등의 중요한 정서적 요소들이 불안정하게 형성되면서 유아의 놀이참여 시 안정감 있는 탐색을 어렵게 할 수 있다(Levy, 1990; Manz & Bracaliello, 2016).

다섯 번째는 유아가 가정에서 부모와 놀이할 때 자신의 생각과 느낌을 마음껏 편안하게 표현할 수 있고 유아의 의견이 인정받고 존중받는 편안한 분위기를 조성하는 것이 중요하다. 유아가 놀이를 즐기는 이유 중 하나는 유아의 내적통제신념이 있기 때문인데 내적통제신념이란 놀이의 내용, 흐름, 사용하는 자료, 스토리 모두가 유아 스스로의 내면적 생각과 아이디어를 반영하여 자유롭게 결정하고 변형하며 마음껏 만끽할 수 있다는 믿음을 가지고 있는 것이다(Johnson et al., 2006). 즉 유아는 놀이에 참여하여 자신이 하고 싶은 대로 마음껏 움직이고 조종하며 놀이의 이야기를 변형해가면서 정서적 유희와 긴장 완화, 편안한 표현과 욕구 발산을 경험하게 되는 것이다(Fogle, 2003; Play England, 2007). 따라서 유아가 놀이할 때 때로는 엉뚱해 보일 수도 있고 우스꽝스러운 시도일 수도 있는 상황에 대해 열린 마음으로 수용하고 받아들일수록 유아는 자신의 무한한 상상력과 유머감각, 다각적인 발산적 사고의 시도를 통한 세련화가 가능해질 것이다(Haight et al., 1997; Singh & Gupta, 2012). 그런데 이처럼 유아의 생각과 느낌에 대해 인정하고 존중하는 편안한 표현의 분위기는 비단 놀이 상황에서만 형성되는 것이 아니라 그 가정의 문화여야 하고 부모가 유아를 바라보는 기본적인 마인드여야 하며 일상을 관통하여 가정 내에 흐르는 내재된 분위기여야 영향력 있게 놀이 상황에서도 작동할 수 있고 유아로 하여금 유능한 놀이자, 유능한 지식 구성자로서 놀이에 참여할 수 있도록 놀이 맥락을 마련해줄 수 있다.

여섯 번째로 부모가 놀이하고 있는 유아와 대화하고 싶을 때 먼저 유아의 놀이를 관찰하면서 유아가 무엇에 흥미를 가지고 있는지, 이 놀이를 어떤 방향으로 하고 싶어 하는지 유아가 가지고 있는 생각과 의도를 이해하고 유아의 해당 놀이에 대한 내적 언어를 이해하려고 노력한 후 유아의 놀이가 흐르는 방향으로 대화할 필요가 있다(Barnett, 1990; Manz & Bracaliello, 2016). 대부분의 부모들이 유아와의 놀이 상황에서 범하는 실수는 유아의 놀이 방향을 제대로 이해하지 못한 상태에서 “이건 뭐야?”라는 식의 지식을 확인하고 단편적 정보를 주입하려는 질문을 한다거나 “이렇게 해보자”라는 식의 부모 주도적 놀이 행동을 유도하는 발언을 하여 유아가 몰입하고 있는 놀이 상황 밖으로 유아의 생각을 끌어내는 발문을 하는 경우이다. 이것은 유아 주도적인 놀이를 방해하며 놀이에 집중할 수 없도록 유아의 놀이 방향과 반대로 주위를 환기시키게 되면서 부모와 유아의 놀이가 더 이상 유아에게 의미 있거나 이해받고 있다 공감되고 있다는 생각을 심어줄 수 없게 되면서 결국엔 부모-자녀 간 신뢰감 형성에도 영향을 주어 유아가 놀이하는 부모의 존재를 인정하지 않게 된다(Fein, 1985; Stevenson et al., 1998; Witten et al., 2013). 부모와의 놀이가 더 이상 유아에게는 재미있는 놀이가 아닌 유아가 흥미를 갖고 있는 놀이의 진행을 교란시키는 행동이 될 뿐이다.

일곱 번째로 유아와 놀이하는 부모 역할을 지원하기 위한 자료가 제공될 때 자료사용법이 함께 제시되지만 유아가 해당 자료로부터 연상되는 다른 방식으로 자료를 활용하고 새로운 형태의 놀이를 하려고 하는 것에 대해 열린 마음을 가질 필요가 있다. 양질의 부모 지원 자료의 경우 유아교육 전문가들로부터 검증을 받고 교육적으로 의미 있고 유아에게 질적으로 우수한 놀이 경험을 줄 수 있는 활동으로 구성되어 있을 것이다. 그러나 유아의 놀이는 예측이 불가능하며 처음 시작된 놀이가 논리적이며 일관되게 놀이의 결말과 이어지지 않을 수도 있는 가변성과 유연성이 있다(Johnson et al., 2006; Levy, 1990; Lin & Li, 2018). 따라서 중요한 것은 놀이하는 유아의 생각이 전개되며 그 안에서 다양한 시도와 상상을 통해 전인적인 발달을 이루게 되는 것이지 이미 계획되고 설계된 놀이에 국한되어 이루어질 필요는 없는 것이다. 부모는 유아 자녀의 놀이가 다양한 방향으로 이루어지며 참신한 아이디어가 가미될 수 있다는 가능성을 수용할 수 있는 태도로 상호작용하는 것이 무엇보다도 중요하다.

여덟 번째로 유아가 다양한 방식의 놀이를 경험하도록 고려할 필요가 있다. 어떠한 물질이나 사물을 탐색하는 놀이(Witten et al., 2013), 실용직인 것을 만들어 활용할 수 있는 놀이(Aktas & Saribas, 2020), 탐색적 놀이를 통한 사고의 확장이 가능한 놀이(Parmar, Harkness & Super, 2004), 과학적 탐구과정을 경험해볼 수 있는 놀이(Jiang & Han, 2016), 일상생활에서 가족구성원으로서의 역할에 참여하는 놀이(Manz & Bracaliello, 2016), 감정과 정서를 표현하고 치유하는 놀이(Singh & Gupta, 2012) 등 어느 한쪽에 치우치지 않고 고르게 경험할 수 있다면 바람직하다(Wood & Attfield, 2013). 빛과 그림자, 비눗방울 등을 마음껏 탐색하는 놀이에 참여하게 되면 유아 주변 세계에 대한 이해와 함께 원인과 결과라는 인과관계의 논리성을 배우게 된다. 오감을 통한 자유롭고 흥미로운 탐색은 그 자체로 유아에게 가치 있는 활동으로서 생각의 확장과 주변 세상에 대한 경이, 그리고 아름다움의 경험을 제공할 수 있다. 또한 놀이를 통해 슬리퍼나 머리띠를 만들거나 가을동산에서 주워온 자연물을 이용하여 책갈피를 만들어 사용할 수 있고 친구들이나 친척들에게 선물로 줄 수 있는 실용적인 만들기 놀이에 참여할 경우에는 유아 스스로 자신의 유능감, 긍정적인 자아상과 함께 사회적 관계 맺기를 통한 사회성 발달까지 경험할 수 있다.

또한 유아가 빛을 이용하여 그림자를 만들면서 단순한 탐색으로 끝나지 않고 새나 동물의 모양을 손으로 표현해본다거나 한글의 자음을 손가락 그림자로 만들기 등의 탐색적 놀이 활동을 통해 인지적 발달과 고차원적 사고능력의 발달을 도모할 수 있다. 유아 스스로 가설을 세워보고 정말 그러한지 실험을 설계하여 직접 실험해보면서 결과를 관찰하고 나름대로의 결론을 도출하는 일련의 과학적 탐구과정을 경험하는 놀이에 참여하게 되면 유아 스스로 문제해결능력을 함양하고 과학적이며 논리적인 사고능력, 과제집착력, 지구력 등을 기를 수 있게 되며 이는 수과학적 개념의 구조화도 함께 가져다 줄 수 있다(Fogle & Mendez, 2006; Jiang & Han, 2016). 그리고 일상생활에서 흔히 할 수 있는 정리하기나 간단한 설거지 참여하기, 빨래하기, 청소하기, 요리하기, 마트에서 산 물건 함께 옮기기 등 부모가 하는 가정 일에 유아도 가족구성원으로서 함께 참여하면서 소속감과 긍정적 자아상, 협력의 의미와 가족구성원의 역할, 책임감 등을 경험할 수 있게 된다. 또한 부모와 유아 모두 감정과 정서를 읽어주고 어루만지며 표현하고 치유할 수 있는 놀이에 참여하면서 놀이를 통한 카타르시스의 경험과 심리적 안정감, 부모와의 친밀감 회복 및 부모-자녀 간 신뢰 형성이 가능해질 수 있다(Roopnarine & Davidson, 2015). 따라서 다양한 형태의 놀이에 골고루 참여하고 놀이를 즐기면서 특정한 놀잇감이 중요한 것이 아니라 일상의 사물들과 현상들이 모두 유아에게 의미 있고 가치 있는 놀잇감이 될 수 있다고 생각하며 이와 함께 유아의 놀이를 통한 내적 언어에 귀 기울이면서 '어떤 놀이를 할까?' 하고 끊임없이 내적으로 질문하고 생각하며 그 생각을 구현하는 진정한 놀이하는 유아, 놀이를 즐길 수 있는 유아, 놀이를 통해 생각을 확장하는 유아가 되도록 지원하는 것이 바람직하다.

마지막으로 유아의 놀이 중에는 인지적 불일치의 상황이나 혼란스러운 감정을 경험하게 되기도 하고 또래나 형제자매가 함께 놀이하면서 갈등의 상황이 발생하기도 한다(Aktas & Saribas, 2020). 부모로서 갈등과 혼란의 상황을 마주하는 것은 특히 그것이 사랑하는 자녀와 관계된 상황일 경우 매우 견디기 힘들고 회피하고 싶기까지 하다. 그러나 인지적 불일치의 상황을 통해 유아는 새로운 시도를 해볼 수 있고 지금까지와는 다른 방식의 접근을 모색해 볼 수 있게 되면서 더 많은 사고회로가 작동하여 인지발달에 긍정적인 자극을 경험할 수 있다(Lin & Li, 2018; Play England, 2007). 또한 놀이 상황에서 발생할 수 있는 갈등들, 예를 들어서 놀잇감을 양보해야 한다거나 자신의 순서가 올 때까지 기다려야 하는 등 유아가 참기 힘든 갈등 상황이 충분히 발생할 수 있으며 이러한 갈등 상황에 어떻게 대처해야 하고 문제를 해결해야 할지 아직 준비되지 않은 유아로서는 매우 혼란스러운 감정을 경험하여 돌발행동이 나올 수도 있다. 부모는 유아와 놀이하면서 이러한 갈등 상황을 만나게 될 것을 두려워하지 말고 이 상황을 통해 유아가 사회적 기술을 배우고 자신과 타인의 감정을 이해하며 세련되고 적절하게 감정을 조절할 수 있는 능력을 키워나갈 수 있다는 것을 기억해야 한다. 유아는 갈등 상황이 발생하기도 하는 사회적 관계를 경험해 가면서 함께 더불어 살기 위해 필요한 사회적 기술을 배우고 사회 · 문화적 규범과 약속을 이해하게 되므로 놀이 중 만나는 갈등 상황은 유아로 하여금 성숙한 인격체로 성장할 수 있도록 만들어주는 중요한 배움의 기회가 될 수 있다.

닫는 글

다른 학령기와 달리 유아교육에서만큼은 교육을 둘러싼 주체로서 유아(학습자), 교사, 원장(감)뿐만 아니라 부모와 지역사회를 중요시한다. 유아기의 교육에서 부모의 역할을 분리해서는 교육의 효과성을 이끌어내기 어려울 정도로 유아교육기관과 가정의 연계가 중요한 시기인 것이다. 특히 개정 누리과정에서는 유아 · 놀이 중심 교육과정의 완성을 위해 부모의 역할을 확대하여 놀이 중심 교육과정에 대한 이해를 바탕으로 적극적으로 유아교육의 실현을 위해 참여토록 해야 한다고 명시하고 있다.

그러나 부모는 유아교육에 대한 전문성 및 유아 발달에 대한 총체적 이해 측면에서 각기 다른 수준을 가지고 있기 때문에 놀이 중심 교육과정에 대한 이해와 함께 자녀교육에의 능동적인 참여만을 강조하기에는 현실적으로 어려움이 많다. 유아가 행복하고 유아의 놀이가 진정한 몰입의 경험이 되며 유연한 사고를 기반으로 자유로운 발현의 순간을 맞을 수 있도록 지원하려면 부모의 역할이 매우 중요함을 인식하지만, 이를 적극적으로 안내하고 이끌 수 있는 방법을 모색하는 것이 선행되어야 하는 것이다.

이에 부모의 눈높이에서 유아 · 놀이 중심 교육과정에 대한 이해를 돕고 교육과정 참여자로서 요구되는 부모의 역할을 정리하며 놀이참여자로서의 부모가 어떠한 마음가짐으로 유아의 놀이에 동참해야 할지에 대해 알아보았다. 그러나 무엇보다 선행되어야 할 것은 표면적인 놀이방법의 소개나 유아와의 상호작용 전략을 교육하는 것이 아니라, 부모와 유아 간 애착관계 및 신뢰감을 형성하는 것이다. 부모가 유아의 행복한 놀이를 유의미하게 참여하고 지원하기 위해서는 부모와 유아와의 관계라는 가장 중요한 첫 단추가 잘 꿰어져야 그 이후에 수반되는 놀이에서의 상호작용 효과성, 건강하고 교육적인 놀이를 경험할 수 있는 방법 등에 대한 제반 정보들이 유효할 수 있는 것이다. 따라서 놀이를 하는 행복한 유아와 함께 진정으로 행복한 부모가 있어서, 놀이를 매개로 유아를 더욱 이해하고 함께 공감하며, 유아가 놀이를 통해 주변 세계를 탐색하고 지경을 넓혀가도록 지원할 수 있는, 진정한 부모-자녀 관계 형성의 성숙함을 이끌어갈 수 있기를 바란다.

생각해 봅시다

1. 유아에게 의미 있는 놀이가 되도록 하기 위해서 부모는 유아와 놀이할 때 어떤 마음가짐으로 참여해야 하는가?

2. 개정 누리과정을 기반으로 유아의 놀이를 활성화하고 지원하기 위한 바람직한 부모의 역할에는 어떠한 것들이 있는가?

한 번 더 읽어볼 만한 책

1. 포 브론슨, 애쉴리 메리먼 (2014). **양육쇼크**. (이수혜 역). 경기: 맑은숲.

2. 하임 G. 기너트, 앨리스 기너트, 월러스 고더드 (2003). **부모와 아이 사이**. (신흥민 역). 서울: 양철북.

참고문헌

강명화, 한진주 (2017). 어머니와 자녀가 함께하는 놀이의 의미: 어머니의 관점을 중심으로. **아동과 권리, 21**(4), 541–563.

강승지 (2018). 유아 '놀이' 및 '학습'의 관계에 대한 부모 인식 연구: 메타포 분석을 중심으로. **한국유아교육학회, 38**(38), 211–231.

고영실 (2009). 부모의 놀이참여 수준과 유아의 사회적 능력과의 관계. **한국가족복지학회, 14**(1), 95–112.

고진영 (2020). 메타포를 활용한 부모의 놀이신념 분석. **학습자중심교과교육연구, 20**(6), 193–211.

교육부, 보건복지부 (2019a). **2019 개정 누리과정: 고시문**. 세종: 교육부.

교육부, 보건복지부 (2019b). **2019 개정 누리과정: 놀이이해자료**. 세종: 교육부.

권정윤, 장연희(2007). 어머니의 부모역할지능과 양육스트레스 및 유아조기 특기교육에 대한 인식과의 관계. **한국가정관리학회지, 25**(1), 87–99.

김명순, 조항린, 박영림, 신혜영 (2013). 부모와 유아 자녀의 놀이에 관한 연구: 부모의 놀이신념 및 놀이 참여를 중심으로. **열린부모교육연구, 5**(1), 37–53.

김영희 (2012). 어머니의 양육태도 및 놀이신념과 유아의 놀이성과의 관계. **육아지원연구, 7**(2), 27–46.

김윤희 (2019). 놀이와 창조성에 관한 고찰: 놀이 속 물리적 세계와 상상의 연결. **유아교육연구, 39**(2), 485–507.

김정주, 박형신 (2017). 아버지의 놀이신념이 유아의 놀이몰입, 또래놀이 행동에 미치는 영향–놀이참여의 매개효과를 중심으로. **한국보육학회지, 17**(3), 29–48.

문성영, 심성경 (2020). 부모의 놀이참여도가 유아의 놀이성과 회복탄력성에 미치는 영향. **열린부모교육연구, 12**(1), 163–189.

문영경, 이영 (2012). 어머니의 정서적 가용성이 유아의 사회적 기술 및 문제행동에 미치는 영향: 유아 의도적 통제의 매개효과를 중심으로. **대한가정학회지, 50**(1), 103–119.

서귀남, 홍주연 (2017). 정서지능 중심의 모래상자놀이–부모교육 프로그램 개발. **놀이치료연구, 21**(3), 75–94.

성영화 (2005). 부모의 놀이참여도 및 일치도와 유아 감성지능과의 관계연구. **미래 유아교육학회지, 13**(2), 137-159.

심미영 (2018). **어머니의 놀이신념, 놀이참여, 역할수행과 유아의 놀이성, 사회성과의 구조적 관계 분석.** 성신여자대학교 대학원 박사학위논문.

엄정애 (2001). 놀이와 유아교육: 그 조화의 방향에 대한 탐색. **열린유아교육연구, 5**(3), 1-25.

오채선 (2019). 누리과정, 놀이와 교육의 변증법적 이해. **유아교육학회, 39**(2), 279-305.

육아정책연구소 (2020). 밀레니얼 시대의 육아 트렌드. https://kicce.re.kr/main/board/view.do?menu_idx=95&manage_idx=56&board_idx=40811에서 2020년 12월 23일 인출.

이경화, 손유진 (2015). 유아교사의 부모에 대한 메타포 의미 분석. **유아교육연구, 35**(3), 5-25.

이기숙, 김희진, 박은혜 (2004). 우리나라 유아의 하루일과와 어머니의 양육태도에 대한 연구. **유아교육연구, 24**(3), 163-188.

이현지, 정혜욱 (2016). 부모의 놀이신념, 놀이참여, 유아의 행복감 간의 관계. **육아지원연구, 11**(4), 77-95.

임부연 (2017). 미래사회 준비를 위한 '놀이'중심 국가수준 유아교육과정 개정방향모색. **교육혁신연구, 27**(4), 55-78.

장은정 (2001). **어머니의 양육태도와 유아의 놀이성과의 관계**. 숙명여자대학교 대학원 석사학위논문.

전유진, 유미숙 (2020). 유아기질 및 모애착과 유아 사회성의 관계에서 놀이성의 매개효과. **열린부모교육연구, 12**(1), 21-42.

최연화, 조복희 (2013). 유아의 정서적 유능성에 영향을 미치는 관련 변인 연구. **미래유아교육학회지, 20**(1), 323-345.

최지현 (2020). 유아 부모교육 연구주제의 시대적 분석-누리과정의 시기별, 대상별, 주제별 분석을 중심으로. **한국상담심리교육복지학회지, 7**(2), 259-270.

최혜순, 김찬숙 (2011). 부모의 놀이참여 수준 및 시간과 유아의 자기조절능력 간의 관계. **열린유아교육연구, 16**(4), 117-133.

한진주 (2019). 놀이신념에 따른 어머니 놀이행동의 특성에 대한 질적 연구. **열린부모교육연구, 11**(1), 1-28.

허혜경 (2013). 유아의 놀이성에 영향을 미치는 유아의 성, 기질 및 어머니의 양육효능감에 대한 효과분석. **한국보육학회지, 13**(2), 83-102.

Aktas, A. Y., & Saribas, S. (2020). An investigation of pre-school children's and their parents' outdoor play experiences. *Pegem Journal of Education & Instruction, 10*(2), 373–397.

Babuc, Z. T. (2015). Exploring parental perceptions and preferences about play: a case study in Erzurum. *Procedia-Social and Behavioral Sciences, 197*(25), 2417–2424.

Barnett, L. A. (1990). Playfulness: definition, design, and measurement. *Play & Culture, 3*(4), 319–336.

Fein, G. G. (1985). The affective psychology of play. In C. C. Brown, & A. W. Gottfried (Ed). *Play Interaction: The role of toys and parental involvement in children's development.* (pp. 31–49). Lexington, MA: Lexington Books.

Fogle, L. (2003). *Parents beliefs about play: Relations with parent-child play interaction and child peer play competence*. Unpublished doctoral dissertation, University of North Carolina–Chaple Hill.

Fogle, L., & Mendez, J. (2006). Assessing the play beliefs of African American mother with preschool children. *Early Childhood Research Quarterly, 21*(3), 507–518.

Haight, W. L., Parke, R., & Black, J. (1997). Mothers' and fathers' beliefs about and spontaneous participation in their toddlers pretend play. *Merrill-Palmer Quarterly, 43*(2), 271–290.

Jiang, S., & Han, M. (2016). Parental beliefs on children's play: Comparison among mainland Chinese, Chinese immigrants in the USA, and European-Americans. *Early Child Development and Care, 186*(3), 341 – 352.

Johnson, J. E., Christie, J. F., & Wardle, F. (2006). **놀이, 발달, 유아교육.** [*Play, Development, and Early Education*(2nd ed.)]. (이진희, 손원경, 안효진, 유역옥 공역) 서울: 아카데미프레스. (원본발간일 1999년)

Levy, J. (1990). **놀이 행동의 정의.** [*Play behavior*]. (이은해 역) 서울: 창지사. (원본발간일 1978년)

Lin, Xunyi. & Li, Hui. (2018). Parents' play beliefs and engagement in young children's play at home. *European Early Childhood Education Research Journal, 26*(2), 161–176.

MacDonald, K., & Parke, R. D. (1984). Bridging the gap: Parent–child play interaction and peer interactive competence. *Child Development, 55*(4), 1265–1277.

Manz, P. H., & Bracaliello, C. B. (2016). Expanding home visiting outcomes: Collaborative measurement of parental play beliefs and examination of their association with parents involvement in toddler's learning. *Early Childhood Research Quarterly, 36*, 157 – 167.

Parmar, P., Harkness, S., & Super, C. M. (2004). Asian and Euro–American parents' ethnotheories of play and learning: Effects and preschool children's home routines and school behaviour. *International Journal of Behavioral Development, 28*(2), 97–104.

Play England. (2007). *Charter for children's play.* London: National Children's Bureau.

Roopnarine, J. L. (2011). Cultural variations in beliefs about play, parent – child play, and children's play: Meaning for childhood development. In A. D. Pellegrini. *The Oxford Handbook of the Development of Play.* Oxford: Oxford University Press.

Roopnarine, J. L., & Davidson, K. L. (2015). Parent–child play across cultures: advancing play research. *American Journal of Play, 7*(2), 228–251.

Sigel, I. E. (1992). A conceptual analysis of beliefs. In I. E. Sigel. *Parental Belief Systems: The Psychological Consequences for Children*(2nd ed.). (pp. 345–371). Hillsdale, NJ: Lawrence Erlbaum Associates.

Singh, A., & Gupta, D. (2012). Contexts of childhood and play: Exploring parental perceptions. *Childhood, 19*(2), 235 – 250.

Stevenson, M. B., Thompson, R. H., & Roach, M. A. (1998). A Social Realations Model Analysis of Parent and Child Play. *Developmental Psychoolgy, 24*, 101–108.

Witten, K., Kearns, R. A., Carroll, P., Asiasiga, L., & Tava'e, N. (2013). New Zealand parents' understandings of the intergenerational decline in children's independent outdoor play and active travel. *Children's Geographies, 11*(2), 215–229.

Wood, E., & Attfield, J. (2013). *Play, Learning and the Early Childhood Curriculum.* London: Sage.

유아 · 놀이 중심 교육과정을

CHAPTER 2

위한 부모 지원

유아 · 놀이

중심

교육

과정을

위한

부모

지원

여는 글

"부모님과 함께 만드는 교육과정이요? 막연하고 두려워요."
"매년 답습하던 부모교육으로는 유아 · 놀이 중심 교육과정을 지원하기 어려워졌어요."
"교사도 부모도 이제는 함께 놀이하는 존재가 되어야 해요."

유아 · 놀이 중심의 함께 만드는 교육과정. 그 중요한 변화를 맞이하며 교사와 부모 모두 달라진 현실을 느끼고 있다. 최근 유아교육기관에서는 유아와 교사, 부모가 교육공동체를 구성 및 운영하며, 부모가 교육공동체의 일원으로 유아교육과정에 참여하고 있다. 교사들도 변화에 따른 진정한 의미의 연계와 이해, 소통의 중요성을 실감하며 실천을 위한 방안을 마련하는 중이다(방유선, 2016).

유아의 놀이에는 부모의 역할이 무엇보다 중요하다(백미열,

2020). 부모가 놀이의 중요성과 가치를 이해하게 되면 유아 · 놀이 중심 교육과정이 안정적으로 지지받을 수 있기 때문이다. 부모가 유아의 놀이에 함께 참여함으로써 유아의 놀이성을 안정적으로 높일 수도 있다(최유석, 임지영, 2021). 부모들의 놀이인식을 메타포로 알아본 최근 연구(고진영, 2020)에서 부모들은 놀이를 본질적 의미, 정체성 형성의 의미, 사회화 과정으로서의 의미, 불확실의 의미로 인식하였다. 또한 부모들은 놀이를 통하여 배움이 일어나고, 놀이를 통하여 성장한다고 인식하고 있었다. 이처럼 놀이의 중요성에 대한 부모의 인식이 높아지고 있는 가운데, 가정과 유아교육기관의 놀이 지원이 균형을 이루고 개방적인 운영이 실천된다면 2019 개정 누리과정의 성공적인 안착에도 긍정적인 영향을 미칠 수 있을 것이다.

본 장에서는 유아교육기관에서 유아 · 놀이 중심 교육과정 운영을 위한 다양한 부모 지원 방안을 모아보았다. 이미 기존에 실행하고 있던 부모교육 · 참여의 방법을 반성적으로 성찰하고 교육과정의 파트너로서 부모의 적극적인 역할을 수용하는 방안과 사례를 살펴보며, 최신 부모교육 정보의 공유, 부모의 놀이인식과 실행역량 점검표 등 현장에서 바로 사용할 수 있는 실행자료 등을 소개하고자 한다.

유아 · 놀이 중심 교육과정의 안정적 정착을 위해서는 유아교육기관과 가정 모두 동일한 교육철학을 이해하고 공동의 노력으로 함께 만들어가는 교육과정의 운영이 중요하다. 최근에는 부모도 교사와 함께 유아교육을 책임져야 한다는 동반자적 협력관계가 강조되고 있다. 유아놀이에 결정적인 역할을 하는 부모는 놀이상대자로 참여하고, 놀잇감과 환경을 제공하는 등 유아의 놀이발달에 큰 영향을 미친다. 유아교육기관에서는 부모와 교사가 원활한 협력관계를 이루어 놀이의 연계를 부드럽게 하여 유아들에게 보다 민감하고 일관되며 풍부한 교육적 지원을 가능하게 한다.

이를 위해서는 부모에게 2019 개정 누리과정의 의미를 이해할 수 있는 기회와 자료를 제공하고, 부모와 지속적으로 교류해야 한다. 부모가 놀이에 대한 철학과 놀이 중심 교육과정의 의미를 이해하게 되면 가정에서도 유아 · 놀이 중심의 교육이 이어질 수 있기 때문이다. 유아교육기관과 가정이 소통하면서 지속적으로 교육과정의 능동적 협력자이자 참여자로 함께 할 수 있도록 다양한 지원을 유지할 수 있어야 한다.

놀이 중심 교육과정의 이해와 운영을 위한 부모 지원은 다양한 방법으로 가능하다. 이전의 방법을 답습하기보다는 기존의 부모교육 · 연계 방법을 반성적으로 성찰해보면서 더 쉽게 부모들의 이해를 돕고 교육과정 운영의 파트너로 참여할 수 있는 통로를 마련하는 등의 개방적인 운영이 필요하다.

유아교육기관에서 놀이 중심 교육과정을 위한 부모 지원의 방법은 그림 2-1 과 같이 실시할 수 있다. 이 방법은 순환적으로 이루어지며 순서는 다르게 적용 가능하다. 동일하게 적용하기보다는 각 기관 상황의 맥락에 맞게 변형하여 적용해 볼 수 있다.

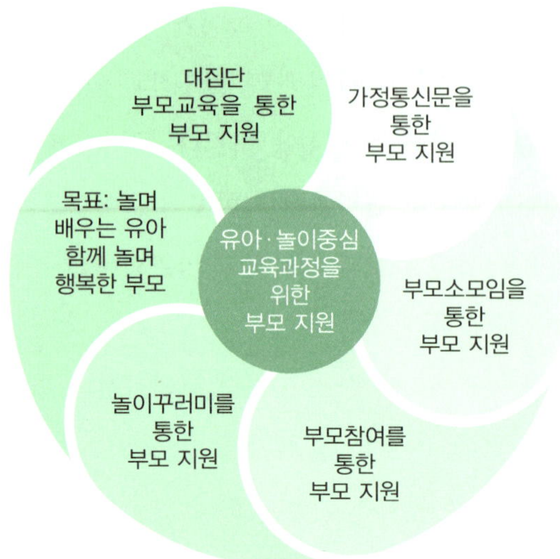

그림 2-1 놀이 중심 교육과정을 위한 부모 지원의 방법

대집단 부모교육을 통한 부모 지원

놀이 이해를 위한 오리엔테이션

유아교육기관에서 정규 수업이 시작되기 전, 부모들은 오리엔테이션을 통해 유치원의 교육과정 운영 전반을 소개받게 된다. 일반적으로 오리엔테이션은 전체 모임과 반별 모임으로 진행되며, 유아교육기관의 교육철학과 연령별 특색교육을 안내하는 시간으로 이루어진다. 오리엔테이션은 부모들이 처음

으로 접하는 유아교육기관의 행사로 부모들의 놀이 이해를 위한 좋은 기회로 활용할 수 있다.

최근에는 부모들이 교육과정 운영의 동반자로서의 역할을 함께 하기 위해 놀이 중심 교육과정에 대한 이해, 연간교육계획에 동참, 부모의 인식 변화와 다짐 등을 도모하는 오리엔테이션으로 변화하고 있다. 부모들이 부모교육이나 부모참여의 필요성을 높게 인식하고 프로그램 실시 전 계획 단계에서부터 부모의 상황과 의견이 반영되기를 희망하기 때문이다(배지희, 조미영, 봉진영, 김은혜, 2011).

새로운 변화를 시도해보기 위해서는 그동안 해왔던 오리엔테이션에 대한 점검이 필요하다. 이전에 해왔던 방식을 답습하고 있지는 않은지, 놀이 이해를 위해 어떤 방법을 시도하면 좋을지 등에 대해 성찰한 후 다양한 방식의 변화를 도모해볼 수 있다.

표 2-1 기존 오리엔테이션 점검 목록

구분	점검할 내용
인식	□ 매년 비슷한 답습이 아닌 변화를 추구하고 있나요?
	□ 부모가 놀이 중심 교육과정을 이해할 수 있는 내용이 포함되어 있나요?
	□ 부모도 연간교육계획에 동반자로 참여하고 있나요?
	□ 부모의 인식 변화와 다짐을 공유할 시간이 있나요?
방법	□ 오리엔테이션의 주된 방법이 강의 전달식인가요?
	□ 오리엔테이션 실시 전에 부모들의 의견을 듣는 다양한 방법(서면, 전화, SMS 등)이 있나요?
	□ 부모가 놀이를 충분히 이해할 수 있는 워크숍 또는 전시물이 있나요?
	□ 부모의 연간교육계획 참여와 다짐을 위한 준비물(문서, 포스트잇, 필기도구 등)이 마련되어 있나요?

놀이 이해를 위한 오리엔테이션은 계획, 준비, 실행, 평가 단계로 구성하여 진행할 수 있다.

첫째, '계획' 단계에서는 놀이 중심 교육과정에 대한 부모 인식 조사, 한 해 동안 유치원에 원하는 비전과 요구, 참여하고 싶은 부모교육 및 참여 내용과 방법 등을 사전 조사한다. 조사 방법으로는 전화, 면대면, SNS, 온라인 설문 등의 방법이 있다. 놀이 중심 교육과정에 대한 부모들의 인식과 요구, 희망하는 부모교육 · 참여의 내용과 방법에 대한 의견을 모아 연간계획에 반영하도록 한다. 오리엔테이션의 날짜, 장소, 참여인사, 경비, 물품 등을 계획해둔다.

둘째, '준비' 단계에서는 부모들의 의견이 반영된 연간교육계획과 부모교육 · 참여 프로그램을 정리한 문건을 준비한다. 전체 부모들에게 소개할 자료와 각 반별로 소개할 프린트물과 PPT를 준비한다. 또한 놀이 중심 교육과정을 쉽게 이해할 수 있도록 동영상, 사진, 실물 자료 등을 준비하고, 필요하면 전시 형태로 이해를 도울 수 있다. 이를 위해 역할분담, 식순 준비, 안내장 제작 및 발송 등을 한다. 충분한 토의와 의견수렴을 위해 소수로 오리엔테이션을 진행할 경우에는 여러 번 진행되기 때문에 날짜와 시간을 균형 있게 잘 안배하도록 한다.

셋째, '실행' 단계에서는 계획대로 진행을 관리하고 날씨 등의 돌발 상황에 대비한다. 놀이의 중요성과 놀이 중심 교육과정 소개 PPT, 놀이 영상이 잘 구동되는지 점검하고, 안내문, 안내 인력 배치 등을 꼼꼼하게 준비하도록 한다. 반별로 이동한 후 간단한 놀이방법 소개 등의 워크숍을 넣을 수도 있고, 사진과 영상으로 전년도 놀이장면을 안내할 수도 있다.

넷째, '평가' 단계에서는 놀이 중심 교육과정에 대한 부모의 다짐을 포스트잇으로 받도록 한다. 이 다짐은 연간 놀이 중심 교육과정 운영의 초석이 될 수 있으므로 사진이나 스캔으로 자료화하여 공유한다. 또한 놀이 이해를 위한 오리엔테이션 행사의 만족도 조사를 통해 잘된 점과 미흡한 점을 파악하여 다음 오리엔테이션 구성에 반영할 수 있다.

대집단 부모교육

대집단 부모교육이란 유아교육기관에서 부모 다수를 대상으로 전문가가 교육을 제공하여 부모 역할을 돕는 부모교육의 유형을 말한다. 대집단 부모교육을 통해 부모는 놀이자로서 효율적인 부모 역할 수행이 무엇인지 인지하고, 일상생활 속 놀이 실천을 도모할 수 있다.

놀이 중심 교육과정을 위한 대집단 부모교육이 효과를 보기 위해서는 부모의 요구, 유치원 교육과정과의 일관성, 부모의 사회 · 문화 · 경제적 맥락 등을 종합적으로 고려해야 한다. 사전조사를 통해 부모의 요구와 상황을 반영한 대집단 부모교육을 구성할 수 있는데, 부모교육의 성격에 적합한 기준을 가지고 접근해야 할 것이다.

첫째, '강연자 선정'은 부모교육의 소요시간과 내용에 적합해야 한다. 즉 놀이 이해와 실천을 모두 아우를 수 있는 부모교육으로 할 것인지, 강연과 워크숍을 분리하여 진행할 것인지에 따라 적합한 강연자는 달라진다. 내부 인사로 선정할 때도 놀이의 중요성을 이론적으로 접근할 때는 대학 교수나 분야별 전문가를 초빙할 수 있고, 놀이 실천을 위한 워크숍으로 접근할 때는 놀이 전문가, 교사, 부모 등이 강연자가 될 수 있다.

둘째, '기간 선정'은 대그룹 부모교육을 1회로 진행할 것인지, 다수의 참여를 묶어 수료과정으로 진행할 것인지 등에 따라 달라질 수 있다. 놀이 이해와 실천은 지속성을 가지고 교육하면 더 효과적이므로, 대집단 부모교육과 소집단 부모교육을 교차로 이어나가는 방법도 고려할 수 있다.

셋째, '진행 방법'은 면대면으로 모여서 하는 방법과 원격교육으로 진행하는 방법이 있다. 면대면의 경우, 실감나는 강연을 듣고 즉석에서 질의응답이 원활하게 이루어질 수 있다는 장점이 있다. 그러나 직장에 다니는 부모의 경우 시간을 맞추기가 용이하지 않아 참여율이 낮다는 단점이 있다. 원격교육의 경우, 준비한 영상을 보는 방법과 실시간 화상으로 소통하는 방법(ZOOM, Google Meet, 카카오톡 영상채팅 등)이 있다. 사전 영상을 보는 부모교육의 경우, 시공간에 구애받지 않고 참여할 수 있어 참여도를 높일 수 있다는 장점이 있는 반면, 실시간으로 질의응답하기에 어려움이 있다. 실시간 화상으로 소통하는 부모교육의 경우 현장에 오고가는 시간을 절약하면서도 실시간으로 질의응답이 가능하다는 장점이 있다. 그러나 처음 사용하는 부모의 경우 익숙하

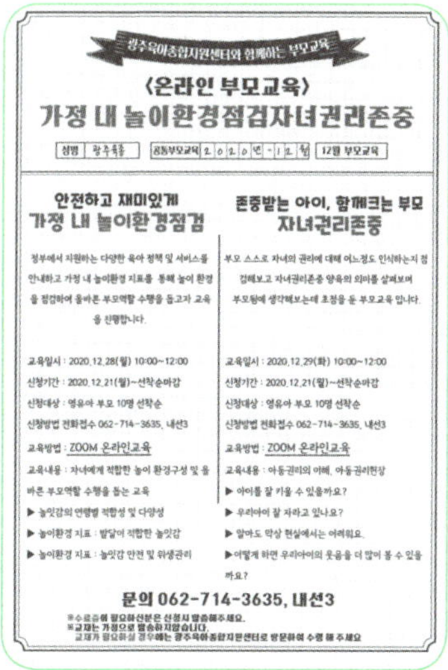

그림 2-2 놀이 관련 부모교육 안내문

지 않아 참여에 어려움을 겪는 경우도 있으니 사전 테스트를 하는 날을 정해서 문제없는지 점검한 후 실시하는 것이 좋다.

이러한 부모교육을 통해 얻은 놀이에 대한 부모의 이해와 놀이 신념은 유아의 놀이뿐 아니라 놀이에 대한 참여도에도 긍정적인 영향을 미칠 수 있다. 최근에는 단위 유아교육기관 차원을 넘어 각 시 · 도교육청의 유아교육진흥원, 육아종합지원센터에서도 대집단 부모교육을 지원하고 있다. 강사 선정과 부모교육 진행이 어려운 유아교육기관에서는 유아교육진흥원, 육아종합지원센터의 부모교육을 홍보하고 안내하여 부모의 참여를 독려할 수 있다. 표 2-2 는 각 시 · 도교육청의 유아교육진흥원에서 진행하는 놀이 관련 부모교육을 종합한 내용이다. 유형으로는 대 · 소집단 연수, 온라인 연수, 찾아가는 연수 등이 있다.

표 2-2 시 · 도 교육청 유아교육진흥원의 놀이 관련 부모교육

주관	부모교육명	유형
서울특별시 유아교육진흥원	놀이의 반란, 놀이는 과학이다 1기, 2기	대집단 연수
	아빠와 함께 놀이로 소통해요	워크숍 형식의 토의 및 연수
	금쪽같은 우리 아이, 어떻게 하면 좋을까요?	학부모연수로 활용 가능한 원격 연수자료 형태로 제공
부산광역시 유아교육진흥원	놀이로 행복한 아이 키우기	대집단 연수
	아이공감 놀이교육	소집단 연수
	자녀와 함께하는 재미있는 놀이 교실	찾아가는 학부모 연수
경기도 유아교육진흥원	나도 좋은 아빠가 되고 싶다	온라인 연수
	아빠는 놀이쟁이	온라인 연수
인천광역시 유아교육진흥원	엄마 · 자녀가 함께하는 오디 연수	대집단 연수
	아빠 · 자녀가 함께하는 스킨십놀이	대집단 연수
	부모와 자녀 간 대화법	찾아가는 학부모 연수
	좋은 부모자격증 연수(기초, 심화)	연수
대구광역시 유아교육진흥원	맘 편하게 아빠랑 신나게 놀자	소집단 연수
	행복더하기 부모교육	온라인/소집단 연수
	내 아이 마음 속 빛나는 보석 발견하기	대집단 연수
충청남도 유아교육진흥원	부모 역량 강화를 위한 유능한 부모 되기 워크숍	소집단 연수
	학부모의 유아교육에 대한 이해 및 참여	대집단 연수
전라남도 유아교육진흥원	놀이교육의 가치에 대한 인식 확산 및 역량 강화	대집단 연수
	부모 – 자녀의 소통을 위한 놀이의 실제	찾아가는 학부모 연수
제주 유아교육진흥원	가족체험의 날과 연계한 학부모 연수	가족체험식 학부모 연수
	소나무 숲 놀이터에서 행복 찾기	가족체험식 학부모 연수

가정통신문을 통한 부모 지원

가정통신문이란 유아교육의 성과를 높이기 위해 유아교육기관과 가정에서 서로 주고받는 여러 형태의 통신문을 의미한다. 가정통신문은 부모들에게 유아 · 놀이 중심 교육과정의 이해와 적극적인 참여의 동기, 자발성을 촉진시켜주는 부모참여 및 부모교육을 위한 매체이다(성영화, 김근희, 김민화, 2014).

가정통신문은 자녀교육에서 부모참여의 중요성을 지속적으로 알려주는 계기가 될 수 있으며, 유치원과 가정이 연계되어 일관성 있는 교육을 할 수 있도록 도와줄 수 있다. 지면뿐 아니라 키즈노트, SNS와 같은 온라인 매체도 활용 가능하다.

발행기간별 유형으로는 유아교육기관의 소개 책자와 같이 연간으로 발간하는 것, 유아교육이나 부모교육의 계획이나 운영을 부모들에게 전달하기 위해 월별 · 주별 발행하는 것과 유아교육기관이나 부모들의 필요에 의해 수시 발간하는 것 등 다양한 형태가 있다.

부모에게 놀이의 중요성을 전달하는 가정통신문은 두 가지 유형으로 전달된다. 교육부 또는 보건복지부 등의 공공기관 발행자료 유형과 유아교육기관 자체의 가정통신문을 들 수 있다. 두 자료 모두 부모가 유치원 교육과정을 이해하고 자녀의 놀이 지원에 동참할 수 있는 정보를 얻을 수 있다.

공공기관 발행자료

공공기관의 발행자료는 교육부 또는 보건복지부, 유아교육진흥원, 시 · 도교육청, 지역의 교육지원청 등에서 발간한 자료를 말한다. 공신력 있는 자료로 국가수준 교육과정에 기초한 공통수준의 인식 형성에 도움이 된다.

교육부(2020)에서는 2019 개정 누리과정 학부모 이해자료를 발간하여 놀이와 배움, 놀이 환경 등에 대한 인식을 고취시키고자 하였다. 카드뉴스, 놀이연계자료, 영상자료를 개발하여 보급하였다. 관련 자료는 교육부의 누리과정 포털 사이트인 i-누리(https://i-nuri.go.kr/)에 종합적으로 담겨 있다. 유아교육기관에서는 부모들에게 홈페이지 주소를 안내하고, 자료를 보급하여 부모들의 놀이 이해와 일상생활 속 실천을 돕는다.

그림 2-3 누리과정 포털 안내와 부모용 놀이연계자료
출처: 교육부(2020)

교육부(2020)의 『학부모 이해자료』 중 '놀이환경 편'에서는 놀이공간뿐 아니라 놀이자료, 놀이시간, 놀이친구, 놀이에서 유의할 점 등에 대한 구체적인 이해를 돕고 있어 가정에서의 놀이 지원이 용이하도록 도와준다. 원자료를 그대로 보낼 수도 있고, 부분적으로 발췌해서 유아교육기관의 상황에 맞게 수정하여 사용할 수도 있다.

그림 2-4 학부모 이해자료 놀이환경 편
출처: 교육부(2020)

또한 교육부(2019)에서 발간한 『부모놀이 워크숍: 유아들의 꿈은 놀이에서 자란다』는 놀이 이해뿐 아니라, 신문지, 풍선, 책, 기타 재료를 이용한 다양한 놀이 사진과 방법, 실제 놀이를 경험한 부모들의 소감과 다짐 등이 소개되어 있다. 부모들에게 안내하여 실천으로 이어지도록 할 수 있다.

보건복지부(2014)가 제작한 부모교육 자료인 '놀이를 통해 배워요'에는 부모가 놀이에 대한 인식과 실행역량을 점검해 볼 수 있는 체크리스트가 포함되어 있다. 놀이의 중요성을 인식하여 진짜 놀이 지원을 위한 부모 역할을 쉽게 인식할 수 있도록 구성된 자료이다. 이상의 자료들은 책자나 PDF를 한 번에 보내는 방법과 놀이 내용을 한 주씩 가정통신문으로 안내하는 방법 등 다양하게 활용할 수 있다.

그림 2-5 부모용 놀이안내 책자
출처: 한국보육진흥원(2014)

유아교육기관 발행자료

단위 유아교육기관의 상황에 맞게 정기적으로 발행되는 가정통신문은 자녀의 놀이 상황과 맥락을 부모가 이해하기 좋은 문건이다. 이를 통해 부모와의 의사소통이 증진될 수 있다. 부모들의 인식 조사 후 요구에 맞는 자료를 구성하거나 일상생활 속 유아놀이를 안내하고 가정과 연계하는 내용으로 구성될 수 있다. 가정통신문은 종이로 된 형식적인 문서 이외에 홈페이지, 키즈노트와 같은 온라인 사이트, 애플리케이션, SNS(밴드나 페이스북 등) 등의 유형을 활용할 수 있다.

한두 건의 가정통신문만으로 부모가 놀이를 충분히 이해하기는 어렵다. 부모가 가지고 있는 놀이 신념과 태도가 가정통신문 몇 장으로 변화하기 쉽지 않기 때문이다. 따라서 부모가 읽기 쉽

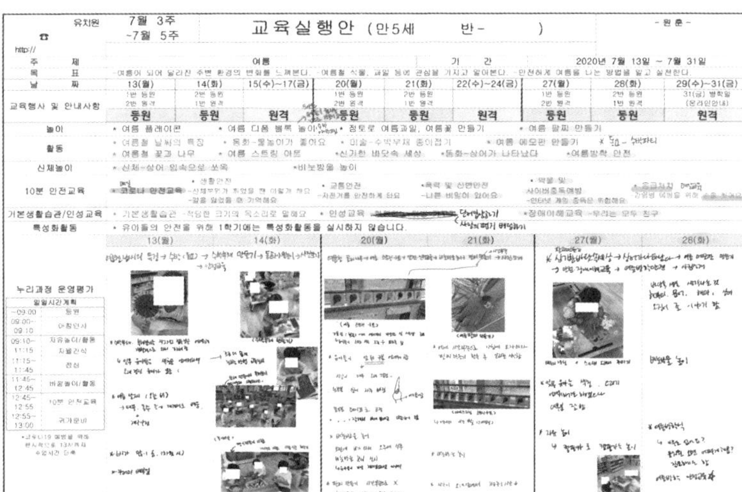

그림 2-6 놀이 중심 교육실행안

출처: 교육부 i-누리 포털

고 놀이 상황을 공감하여 실천하기 쉽게 구성하며 지속적인 안내가 이루어져야 할 것이다. 그림 2-7 은 실제 진행된 놀이를 중심으로 부모의 놀이 이해를 돕는 교육실행안을 작성한 예시이다. 놀이 중심 교육과정의 실제를 이해하는 데 도움이 될 수 있다.

놀이안내

유치원 방향	함께 만들어가는 유아 · 놀이 중심 교육과정
만 4세 연령 목표	배려하고 협력하는 창의적인 어린이

친구와 함께 가꾸는 정원

날씨가 더워지면 화분의 화초들도 목이 말라요.
유아들이 스스로 물을 주면서 돌봄의 경험을 하고 있답니다.

"나무야, 목 말랐지? 무럭무럭 자라라!"
"우리와 함께 있어줘서 고마워!"

놀이는 유아의 삶입니다.
함께 하는 놀이, 돌봄이 있는 놀이 속에서 유아들은 어떤 배움을 경험하게 될까요?

생활 주제	함께 만들어가는 놀이	기간	6월 15일 ~ 7월 3일 (3주)
목 표	• ㅇㅇ반 유아들이 좋아하는 놀이를 공유한다. • 유아가 주도하여 놀이를 창안하고, 함께 놀이하는 기쁨을 느낀다.		
주제 선정 이유	다음 3주는 교사가 계획한 교육과정이 아닌, 유아와 함께 만들어가는 교육과정을 운영합니다. 유아들의 유능함을 믿고 유아들의 관심과 흥미에서 출발합니다. 유아들은 주변의 환경과 경험으로부터 놀이 영향을 많이 받습니다. 학부모님들께서 좋은 아이디어가 있거나 경험에 근거한 놀이 제안을 해주시면 큰 도움이 됩니다. 유치원으로 많이 공유해 주시기를 부탁드립니다! (예: 마트 가서 함께 장 보았던 경험은 마트 놀이로 연결됩니다. 미용실 갔던 경험, 샴푸통 찾아보기는 미용실 놀이로 연결됩니다.)		
전개 과정	? (유아들의 목소리를 경청하며 놀이를 전개해 나갈 예정입니다. 과연 어떻게 전개될까요? 기대와 지원 부탁드립니다.)		

그림 2-7 부모용 놀이안내문
출처: 성결대부속유치원 가정통신문

부모소모임을 통한 부모 지원

부모소모임이란 동연령대의 자녀를 둔 부모들이 모임을 구성하여 자녀양육의 고민을 나누고, 자녀들과 함께 할 수 있는 놀이를 계획하고 진행하는 부모들의 양육 자조모임을 말한다. 부모들은 상호간 긍정적인 소통과 교감을 통해서 자신의 역량강화 및 양육 스트레스를 감소시키며, 궁극적으로 가족의 삶의 질이 향상되는 효과를 가질 수 있다. 부모소모임은 유아교육기관의 주도로 모임이 구성될 수도 있고, 부모 자율적인 유형의 동아리로 구성될 수도 있다. 진행 과정에서 부모의 자발적 변화를 통해 효과성을 높일 수 있다. 부모소모임에 자발적으로 참여하는 부모들은 소모임에서 다양한 활동을 통해 자녀와의 놀이참여가 증가하고, 스스로 성장하며 타인에게 인정받는 즐거움을 경험하게 된다. 최근에는 교사-부모 간 협력적 파트너십을 강조하여 부모협력과 의사소통에 중심을 둔 부모소모임을 운영하기도 한다(최미숙, 2016).

놀이 이해를 위한 부모소모임의 특성을 알아보면 다음과 같다.

첫째, '부모소모임의 유형'은 소집단으로 구성된다. 인원은 5~12명 내외로 유아교육기관의 상황에 맞게 진행한다. 부모소모임은 놀이 이해라는 동일한 목표를 가진 부모들이 유아교육기관이 제시한 주제를 중심으로 주 1회 정도 모여서 4주 내

외의 기간 동안 함께 논의하면서 진행한다.

둘째, '부모소모임의 내용'은 놀이와 관련된 문제를 중심으로 구성된다. 놀이에서의 상호작용, 놀이의 주체, 놀이 지속성, 놀이의 방향 등 부모의 고민이나 문제를 공유하며 이를 함께 해결하기 위한 다양한 활동이 진행된다. 자신들의 경험을 공유함으로써 자신만의 문제가 아닌 모두의 문제로 인식하고, 문제해결방법을 함께 토의하고 시도함으로써 부모의 불안을 감소시키고 실천을 이어나갈 수 있다.

셋째, 부모소모임에서 다루어진 놀이에서의 상호작용, 놀이의 과정과 결과 등을 공유하면서 사회적 상호작용과 협력 등을 상호 지원하게 된다. 서로에게 피드백을 주는 것에서 나아가 유아가 놀이의 주체로서 놀이를 창안할 수 있다는 점을 인식하고 다양한 아이디어와 결과를 공유하며 놀이를 위한 네트워크를 구성할 수 있다. 이러한 네트워크는 온라인 · 오프라인 두 유형으로 계속 이어질 수 있다.

놀이를 주제로 한 부모소모임은 소집단 부모교육과 부모 자원봉사의 유형으로 실행될 수 있다.

소집단 부모교육

대집단 부모교육과는 달리 소집단 부모교육은 신청자 모집을 위한 안내문을 각 가정에 발송한 후 희망자를 중심으로 소집단으로 운영되는 부모교육의 유형이다. 신청과 참여에 있어 부모의 좀 더 능동적인 선택이 반영되는 부모교육으로 전달식 부모교육에 비해 토의가 활발하고, 부모의 인식 변화와 실천의 과정이 즉각적으로 양육태도에 반영될 수 있다.

놀이 이해를 위한 소집단 부모교육을 운영할 수 있는데, 놀이의 중요성에 대한 부모의 인식과 실행을 점검해보고 진짜 놀이를 경험해봄으로써 유아 놀이의 지원 역할을 수행할 수 있도록 하는 내용으로 구성 및 진행할 수 있다. 능동적인 참여와 토의를 위한 인원은 5~12여 명이 적당하고, 기간은 원의 상황에 맞게 4~7주 정도로 늘리거나 줄일 수 있다. 구성 예시는 **표 2-3** 과 같다.

표 2-3 놀이 이해를 위한 소집단 부모교육

주차	주제	내용	유형	준비물
1	놀이의 개념	• 부모의 놀이인식과 실행역량 점검해보기 • 유아가 생각하는 놀이 VS 부모가 생각하는 놀이 • 놀이에 대한 고민 VS 놀이에 대한 믿음	토의	평가도구 포스트잇, 필기도구
2	종이로 놀이하기	• 탐색: 다양한 종류의 종이를 탐색하기 • 놀이: 종이로 해 볼 수 있는 놀이 만들기 • 함께 놀이하기	토의, 놀이 워크숍	다양한 종이류, 가위, 풀 등
3	다양한 재료로 놀이 이어가기	• 탐색: 종이, 블록 등 다양한 재료 탐색하기 • 놀이: 다양한 재료를 이용하여 구성하기, 놀이하기 • 협력하여 새로운 놀이로 이어가기 • 필요한 재료를 추가하고 창의적으로 통합하기	토의, 놀이 워크숍	다양한 재료들, 재활용품 등
4	독서토론 및 종합평가	• 독서토론: 미래를 만드는 놀이 • 놀이에 대한 다짐 • 종합평가	토의	수료증

1주_ 놀이의 개념

소집단 부모교육이 시작되는 첫 날에는 부모들이 먼저 자기 소개, 참여 동기 등을 이야기 나누게 된다. 놀이에 대한 부모의 고민과 생각을 공유함으로써 자신만의 문제가 아닌 공동의 문제로 인식할 수 있다.

김 교사: 놀이 이해를 위한 부모소모임에는 어떻게 참여하게 되셨나요?

민정 어머니: 놀이가 중요하다고 많이 들었습니다. 민정이는 혼자 잘 노는데 뭐를 더 해주어야 할지 모르겠더라구요. 언제 개입을 해야 놀이에 도움을 주는 것인지도 모르겠구요. 이번 소모임에서 많이 배우고 싶습니다.

수민 어머니: 프로그램을 짜서 매일 놀이 하나씩을 해주고 있습니다. 그런데 저의 계획대로 놀이를 진행하려니 아이와 의견이 맞지 않을 때가 많아요. 많은 놀이를 지원해 주려는 저의 마음대로 해야 하는 것인지, 수현이를 기다려주는 것이 좋을지 모르겠어요.

현준 어머니: 아이가 괴물놀이, 싸움놀이만 주로 합니다. 저는 그게 마음에 들지 않아요. 책도 읽고 그림도 그렸으면 좋겠어요. 이대로 괜찮은 건지 고민이 많습니다.

윤지 어머니: 온라인 게임도 놀이라고 생각해서 아이를 그냥 두었더니, 눈도 나빠지고 자세도 나빠지더라구요. 게임을 잘 하기도 하고 좋아하는데 이대로 두어도 좋을지 걱정이 됩니다. 다른 놀이를 해주려고 하는데 놀이의 종류를 잘 모르겠어요.

정수 어머니: 요즘에는 학습도 놀이로 한다고 해서 해보니 재미도 있고 학습에도 도움이 되더라구요. 사교육은 체계적으로 잘 구성이 되어 있어 믿음도 가구요. 유치원에서 하는 놀이와 많이 다른 걸까요?

부모들의 놀이에 대한 고민은 '놀이 개입 시기', '놀이의 종류'에 대한 막연함, '학습과 놀이' 사이에서의 갈등으로 요약할 수 있다. 개인의 문제가 아닌 공동의 고민과 문제로 여기면서 함께 해결방안을 모색할 수 있는 분위기를 조성하도록 한다.

놀이에 대한 고민과 참여 동기를 나눈 후에는 부모 자신의 놀이인식과 실행역량을 점검해보는 시간을 갖는다. 시간 부족이 예상되는 경우, 온라인 설문으로 사전에 미리 체크할 수도 있다. 이러한 점검을 통해 부모들은 객관적으로 놀이에 대한 자신의 인식과 실행역량을 파악 및 반성할 수 있고, 문항에 담긴 놀이의 가치를 이해할 수 있다.

표 2-4 부모의 놀이인식과 실행역량 점검표

범주	번호	내용	양호	보통	미흡
인식역량	1	나는 아이와 함께 놀면서 보내는 시간이 중요하다는 것을 인식하고 있다.			
	2	나는 놀이가 아이의 발달에 중요함을 알고 있다.			
	3	나는 바깥놀이의 중요성을 알고 있다.			
	4	나는 놀이를 통해 학습이 이루어질 수 있음을 알고 있다.			
	5	나는 놀이가 부모-자녀 관계에 긍정적인 영향을 미침을 알고 있다.			
	6	나는 아이가 좋아하는 놀잇감과 놀이를 알고 있다.			
실행역량	7	나는 아이가 함께 놀고자 할 경우, 놀이를 함께 한다.			
	8	나는 아이와의 다양한 놀이(역할, 퍼즐, 신체놀이 등)에 참여한다.			
	9	나는 아이의 연령이나 발달수준에 맞는 놀잇감 찾기를 즐긴다.			
	10	나는 아이의 놀잇감을 살 때 재질, 크기, 유독성 등의 유무를 세심하게 고려하는 편이다.			

범주	번호	내용	양호	보통	미흡
	11	나는 아이가 다양한 유형의 놀잇감을 접할 수 있도록 돕는다.			
	12	나는 아이가 자연과 친해질 수 있는 놀이를 제공한다.			
실행 역량	13	나는 휴일에도 자녀와 함께 즐겁게 시간을 보낸다.			
	14	나는 아이와 즐겨하는 게임이나 놀이를 몇 가지 안다.			
	15	나는 아이와 하는 놀이에 참여하며 함께 하는 것을 즐긴다.			
	16	나는 아이가 놀이를 통해 새로운 것을 접하거나 시도하도록 유도하는 편이다.			
	17	나를 비롯한 가족구성원 모두가 아이의 놀이에 참여한다.			
	18	나는 아이와 신체놀이, 미술놀이, 음악놀이 등 소리 내어 놀면서 신나게 상호작용한다.			
	19	나는 아이가 오감을 활용하여 가지고 놀 수 있는 놀잇감과 재료를 사용하여 놀이한다.			
	20	나는 최소한 일주일에 1번은 아이와 함께 바깥놀이를 한다.			
	21	나는 놀이를 통해 아이의 지적 호기심을 자극한다.			
	22	나는 집 밖에서 아이와 놀이를 주기적으로 함께 한다.			
성장 역량	23	나는 아이의 발달수준에 적합한 다양한 놀이를 제공하기 위해 사료를 찾는 등 실세로 노력한다.			
	24	나는 시간이 없어도 아이와 놀아주는 것에 우선순위를 둔다.			

출처: 장혜진, 이정림, 김해인(2013) 수정 · 보완.

점검을 마친 후에는 다음으로 유아가 생각하는 놀이와 부모가 생각하는 놀이에 대한 토의를 시작한다. 유아교육기관에서의 유아놀이 사진을 살펴보고, 포스트잇에 부모가 생각하는 놀이가 무엇인지 '놀이는 ○○이다. 왜냐하면 △△이기 때문이다.'를 적어본다. 적은 종이는 벽면에 붙여 자신의 생각을 공유함과 동시에 다른 부모의 의견도 살펴보도록 한다. 자신이 적은 놀이의 개념과 이유를 한 명씩 소개해본다.

민정 어머니

놀이는 바다다.
내 아이의 놀이를 떠올려 보았습니다. 함께 바다로 여행을 가서 놀이를 했을 때 엄마인 저도 민정이도 정말 자유롭게 놀이를 했던 기억이 나네요. 계획된 놀이가 아니라 푸른 바다에서 놀이했던 그 추억이 가장 놀이답다고 느껴졌어요.

수민 어머니

놀이는 그네이다.
진짜 놀이를 생각해보라고 하셔서 정말 진짜로 놀이만 생각해보았습니다. 수민이는 그네타기를 정말 좋아해요. 저도 어릴 때 그네타기를 가장 좋아했었거든요. 그런데 지금의 나는 놀이의 종류를 많이 제공해주려고 노력만 했지, 놀이를 충분히 즐기게 시간을 주지 못했던 거 같아서 반성이 되네요. 놀이는 추억인데 말이에요.

현준 어머니

놀이는 괴물이다.
괴물놀이를 왜 좋아할까 이해가 가지 않았었거든요. 그런데 우리 현준이 입장이 되어서 놀이란 무엇일까 생각해보니 마음껏 상상이 가능한 괴물이 꼭 필요했던 거예요. 괴물이 같이 놀이하는 친구이기도 하고, 싸움을 받아주는 대상이기도 하고, 애착인형이기도 하고… 제가 아이의 놀이를 이해해주지 못했었네요.

윤지 어머니

놀이는 몰입이다.
윤지는 게임을 할 때 옆 사람 말도 들리지 않을 정도로 몰입을 하거든요. 물론 눈도 나빠지고, 자세도 나빠지는 게임이지만 엄마인 나는 그 정도로 몰입할 무엇인가가 있는지 생각해보면 생활하느라 잊고 사는 것 같네요. 윤지와 함께 신나게 몰입할 놀이를 많이 배워보아야겠어요.

정수 어머니

놀이는 큰 소리 나는 웃음이다.
사교육에서도 놀이로 교육을 한다고 해서 일주일에 몇 회씩 정기적으로 시켰었어요. 정수도 재미있다고 해서 그런가보다 생각했었지요. 그런데 그 시간의 정수 모습을 떠올려보니 그냥 앉아 있는 모습만 생각이 나고 큰 소리로 웃는 모습은 본 적이 없네요. 이 중요한 이 시기에 제가 놓치고 있는 게 무엇인지 이제야 알 것 같아요.

부모들은 놀이에 대한 기존 개념이 자녀의 입장이 아닌, 성인의 입장이었던 점을 반성하고 일상생활 속 놀이의 소중함을 이해해나갈 수 있다. 한 주간 자녀의 놀이를 관찰해보면서 놀이성을 이해하고, 자녀의 목소리를 경청해보기로 한다. 이때 유용한 관찰 및 점검 내용을 함께 안내해준다.

표 2-5 부모의 자녀 관찰 및 점검 내용

관찰 목록	관찰 및 점검 내용
놀이에 대한 생각	• 자녀가 생각하는 놀이와 부모가 생각하는 놀이가 동일한가요? • 다르다면 왜 그런 것인지 이야기 나누어 보세요.
놀이 장소	• 어떤 장소에서 주로 놀이가 시작되거나 지속되나요? • 유아가 놀이 장소를 자유롭게 선택할 수 있나요?
놀이 지속성	• 놀이의 지속 시간은 어느 정도 유지되나요? • 놀이의 지속 시간을 유아가 결정하고 있나요?
놀이 주제	• 유아가 선택한 놀이의 주제는 무엇인가요? • 부모가 정해준 놀이 주제는 아닌가요?
놀잇감	• 유아가 다양한 재료를 모두 놀잇감으로 사용할 수 있나요? • 유아가 만들거나 놀이할 수 있는 놀잇감이 충분한가요?
놀이에의 집중도	• 자녀의 놀이에의 집중도는 어느 정도인가요? • 부모가 놀이의 집중을 끊는 개입을 하고 있지는 않은가요?
어려움 해결방법	• 유아 스스로 어려움을 해결해나가나요? • 어떤 방법을 사용하여 어려움을 해결하나요?
주도성	• 유아가 성인에게 의존하지 않고 놀이를 주도적으로 이끌고 있나요?
놀이 시 기분	• 자녀가 놀이하는 시간에 행복감을 느끼고 있나요? • 자녀가 놀이할 때 어떤 기분(정서)을 주로 느끼고 있나요?
놀이 친구	• 놀이 친구는 주로 누구인가요? • 놀이 친구와의 상호작용은 어떤가요?
놀이 후 정리	• 놀이 후 스스로 정리를 잘 하고 있나요?
놀이 상황 관찰	• 장시간 놀이 상황을 관찰하여 자세히 기록해 보세요.
만족하는 내용	• 자녀의 놀이를 관찰한 결과 만족하는 내용은 무엇인가요?
우려되는 내용	• 자녀의 놀이를 관찰한 결과 우려되는 내용은 무엇인가요?

출처: 김희진(2017). 부모의 자녀관찰 내용 수정, 보완.

2주_ 종이로 놀이하기(놀이 워크숍)

유아들은 종이, 흙, 돌, 곡식, 열매, 나뭇가지 등 자신의 생각과 느낌을 표현하기 위한 물질적 원료들을 놀이 재료로 사용한다. 자유로운 놀이 속에서 유아들은 스스로 상상력을 발휘하여 창의적 융합을 할 수 있게 된다. 부모들은 이러한 특성을 이해하지 못하고 정해진 용도대로 놀잇감을 사용하도록 할 수 있으므로, 여러 가지 종이를 부모가 놀이하며 다루어보는 경험을 통해 자녀의 놀이를 이해하도록 놀이 워크숍을 진행할 수 있다.

부모는 유아 입장이 되어 다양한 재료를 충분히 탐색해본다. 먼저 여러 종류의 종이를 오감을 열고 탐색하면서 감각적 경험을 해보고, 각기 다른 의미로 표현하거나 놀이하기 시작할 수 있다. 탐색의 시간이 충분할수록 재료의 특징을 이해하고 나름의 해석과 아이디어 도출로 이어질 수 있다. 부모들은 탐색과 놀이발견을 하면서 기존의 재료에 추가로 재료 지원을 요청하였다.

이 과정에서 자유놀이에서 부모의 관찰과 지원이 꼭 필요함을 인지할 수 있었다. 또한 유아의 요청에 귀를 기울여 민감하게 반응해줄 때 놀이가 지속되고 발전할 수 있음을 부모 스스로 이해하게 되었다.

표 2-6 종이로 놀이하기 내용

목록	내용
종이 종류	• 준비: 도화지, 습자지, 한지, 쿠킹호일, 신문지, 전지, 색종이, 마분지, 주름종이, 휴지, 키친타월, 모래종이, 천 등 • 그동안 자녀에게 어떤 종이를 준비해 주셨나요? • 자녀와 어떤 방법으로 종이놀이를 해보셨나요? • 다양한 종이를 만져보고, 구겨보고, 찢어보고, 날려도 보고 등등 다양하게 탐색해 봅시다.
도출된 놀이	• 필기도구가 필요 없는 놀이: 한지 구기기, 구긴 종이로 물감 찍기, 신문지 거미줄, 신문지 비행기, 신문지 모자, 색종이 접기, 색종이 오려서 잇기, 휴지로 구름 만들기, 종이로 텐트 만들기 등 • 필기도구가 필요한 놀이: 모래 종이에 크레파스로 그리기, 도화지에 크레파스 가루 녹이기, 종이 찢어 눈 날리기, 젖은 종이에 매직으로 그리기, 주름종이에 사인펜으로 편지쓰기, 흰 도화지에 비밀편지 쓰기 등
지원 요청한 재료	• 필기도구(사인펜, 색연필, 크레파스, 물감 등), 풀, 가위, 자, 초, 텐트 만들 의자와 책상, 롤스케치북, 물, 색모래 등

정수 어머니

집안일도 많은데 아이랑 놀아주기까지 해야 하나 사실 귀찮기도 했어요. 그런데 오늘 종이로 놀이를 해보니 종이 하나로도 이렇게 다양한 촉감을 알 수 있고 놀이가 무궁무진하게 나올 수 있더군요. 정말 놀라웠어요! 놀이의 가치를 알고 나니 부모가 놀아주는 것이 아니고, 내 아이와 함께 놀이하는 것이더라구요. 아이와 눈높이를 같이 하고 주의 깊게 관찰해야 무엇이 필요한지 이해할 수 있겠어요. 앞으로는 정수와 함께 놀이하면서 필요한 것을 잘 지원해주는 엄마가 될래요.

부모들은 놀이 워크숍을 통해 유아놀이를 지원하는 놀이자가 될 수 있다. 종이를 구기고 찢고 비비고 꼬아보면서 탐색의 즐거움을 깨달을 수 있고, 질 높은 놀이로 가기 위해 구체적인 재료의 지원과 친구 또는 성인과의 상호작용이 필요하다는 것을 경험할 수 있다.

부모들은 자녀가 놀이할 때 놀이몰입을 방해하는 놀이 제안을 했던 일, 놀이방법의 정답을 정해준 일, 우연히 발생된 놀이를 인정하지 못한 일, 놀이몰입과정의 어지러움을 인정하지 못했던 일 등을 반성하게 된다. 다음 모임 전 한 주간 놀이를 잘 관찰하고 자녀의 놀이에 협력과 지원을 실천해본 후 기록을 다음 모임에서 공유하도록 한다.

3주_ 다양한 재료로 놀이 이어가기(놀이 워크숍)

부모들은 한 주간 노력한 자녀의 놀이관찰과 지원에 대해 메모한 내용을 돌아가면서 발표한다. 경험을 반성하고 공유하는 과정은 부모 간의 소통을 위해서도 중요한 과정이다. 부모들은 그동안의 놀이에 대해 반성하면서 상품화된 놀잇감 이외에 다양한 재료들이 훌륭한 놀잇감이 될 수 있음을 인식하고 놀이공간과 놀이시간에 대한 열린 생각을 하게 된다. 또한 결과 중심으로 몰아붙였던 양육을 반성하고 놀이과정 자체가 유아에게는 배움의 시간임을 이해할 수 있다. 보다 다양한 재료를 사용하여 탐색과 놀이를 이어나가다 보면 더 넓은 놀이공간의 사용을 경험해 보게 된다.

표 2-7 다양한 재료로 놀이 이어가기

목록	내용
재료 종류	• 준비: 종이류, 필기구, 다양한 점토(흙 점토, 유점토, 밀가루 점토 등), 점토 기구, 다양한 블록, 재활용품(요쿠르트통, 우유팩 등) 등 • 그동안 자녀에게 어떤 놀잇감을 준비해 주셨나요? • 놀잇감을 싫증낼 때 어떻게 지원해주셨나요? • 다양한 재료를 만져보고, 밀어보고, 늘려보고 등등 다양하게 탐색해 봅시다. • 탐색한 후 어떤 놀이로 연결되었나요?
도출된 놀이	• 점토놀이: 점토로 만들기, 그릇에 담아보기 등 • 재활용품 놀이: 로봇 만들기, 길 만들기 등 • 병합된 놀이: 점토와 그릇을 이용한 음식점 놀이, 시장놀이, 신발가게 놀이 등
지원 요청한 재료	• 음식점 놀이, 시장놀이 등의 역할놀이를 위한 추가 재료들(간판 만들기, 수저 만들기, 돈, 지갑, 추가 그릇 등)

부모들은 점토, 블록 등 다양한 재료를 탐색하고 원재료를 이용한 놀이부터 다양한 재료를 병합한 사회극적 놀이까지 여러 유형의 놀이를 창안할 수 있다. 이때 협력하여 새로운 놀이로 이어가기, 필요한 재료를 스스로 추가하여 창의적으로 통합하기 등을 경험하게 된다. 놀이 상황을 경험한 부모들은 유아놀이가 정해진 놀이방법이나 시간, 공간을 초월할 수 있다는 것을 이해하고, 자녀의 놀이 지원과 놀이자 역할을 구체적으로 실행하게 된다. 이러한 이해가 가정에서 실천으로 계속 이어질 수 있게 기관에서도 다양한 정보와 역할 안내를 지속하도록 한다.

민정 어머니

오늘도 정말 재미있었습니다. 점토와 재활용품을 합치니 전혀 새로운 음식점 놀이가 되다니요. 놀이에 대한 저의 고정관념을 깰 수 있는 시간이었습니다. 이제는 놀이의 용도를 제 기준으로 정하지 않겠습니다. 아이의 창의력과 상상력을 우선으로 하도록 노력할 겁니다.

수민 어머니

진짜 놀이가 무엇인지 알게 되었습니다. 우리 아이가 이렇게 주도적으로 잘 할 수 있었는데 그 상상력을 멈추게 하는 건 엄마인 저였더라구요. 정답을 알려 주려다 보니 오히려 자유놀이가 끊어졌던 거지요. 이제 우리 집은 새로 나온 놀잇감을 사러 마트에 가는 것이 아니라, 전혀 새로운 재료들을 사러 마트에 갑니다. 상상도 못했던 새로운 놀이가 펼쳐질 게 분명하거든요.

현준 어머니

요즘 우리집 전체가 놀이터가 되고 있어요. 놀이공간은 현준이 방에서만 놀이하도록 했었는데, 이제는 현준이의 놀이를 계속 인정해주고 함께 놀이하면서 지원해주니 놀이의 지속기간뿐 아니라 놀이공간이 집 전체로 펼쳐지더라구요. 놀이동산 같기도 하고 연구소 같기도 하고… 요즘은 우리 가족 전체가 놀이에 몰입하고 있어요. 엄마인 제가 놀이를 이해하는 것이 중요하다는 것을 느끼고 실천하고 있습니다.

윤지 어머니

윤지의 놀이에 함께 참여하고 인정해준다는 것이 이렇게 놀라운 것인지 이전에는 몰랐네요. 아이는 존중받고 관심받는 그 시간이 너무 좋은가봐요. 내성적이었던 윤지의 자신감이 높아졌어요. 아이와 저의 관계도 좋아지고, 함께 하는 행복한 추억이 많아져서 정말 기쁩니다.

정수 어머니

과학놀이, 미술놀이, 수학놀이 등 놀이가 종류별로 다르다고 생각했었어요. 그런데 제가 직접 놀이를 해보고, 아이의 놀이를 지속해주면서 이어나가다 보니 놀이 안에 이미 다양한 내용이 모두 포함되어 있더라구요. 포장만 놀이로 하여 계획하고 분절하여 무엇인가를 가르치려고 했던 저 자신을 반성하였습니다.

마지막 주 모임을 위해 함께 정한 놀이 관련 책을 읽고 오기로 한다. 서로에게 권해주고 싶은 책을 한 권씩 알아오기로 하는 방법도 유용하다.

4주_ 독서토론 및 종합평가

마지막 주 모임에서는 가정에서 자녀와 함께 한 놀이 경험을 돌아가면서 나누도록 한다. 다음의 내용을 중심으로 대화가 이루어지도록 한다.

- 한 주간 자녀와 함께 만든 놀이는 무엇이 있었나요?
- 놀이 속에서 자녀의 주도권을 인정해 주었나요?
- 놀이 속에서 자녀와 어떤 상호작용을 하였나요?
- 놀이를 위해 관찰하고 지원해준 내용은 무엇인가요?
- 놀이에 대해 달라진 생각은 무엇이 있나요?
- 놀이 속에서 어떤 감정을 느낄 수 있었나요?
- 놀이 속에 녹아 있는 놀이의 가치를 발견할 수 있었나요?

각자 읽어온 놀이 관련 책에서 소개하고 싶은 내용이나 문구를 써보고, 미래를 살아갈 자녀에게 놀이가 어떤 힘(역량)을 가질 수 있는지 함께 기술해 본다. 큰 사이즈 포스트잇과 필기도구를 준비해 둔다.

부모들은 독서토론에서 놀이선택권을 주면서도 답을 유도하는 경우, 부모 중심의 놀이시간 제한, 자녀의 꿈을 지원하지 않은 경우, 유아의 주도성을 인정하지 못했던 경우 등을 반성하고 미래를 위한 다짐을 하였다. 놀이 이해를 위한 소집단 부모교육을 통해 혼자 고민했던 내용을 나누고, 놀이에 대한 인식변화를 경험할 수 있었다. 미래를 살아갈 유아가 함양해야 하는 주도성, 리더십, 창의성, 몰입, 즐거움, 소통 등이 모두 놀이를 통해 나온다는 것을 인식한 부모들은 유아 시기의 놀이가 자녀들의 미래역량과 밀접하다는 것을 깨달았다. 유아도, 부모도 주도성을 가지고 실천할 힘을 가지게 되었다.

미래를 위한 놀이 속 유아의 다양한 역량에 대한 관심을 기반으로, 이후에도 인식변화를 사회에 공유하려는 자율적 동아리를 구성하게 되었다. 자신들의 변화에서 출발한 부모들의 자발적인 소모임은 지속적인 성장과 영향력을 기대할 수 있다.

부모 자원봉사

부모 자원봉사 활동은 적극적인 부모참여의 한 형태로서 부모가 유치원 교육과정 운영에 자원하여 참여하는 활동을 말한다. 즉 부모가 유아교육기관을 방문하여 교사와 함께 교육과정을 비롯한 전반적인 운영을 도와주는 보조자로서 참여하는 활동을 의미한다(교육부, 2000).

부모 자원봉사는 유아교육기관의 교육과정 운영에 인력 보조 역할과 전문적인 역할로 구분할 수 있다(윤정진, 안선희, 2019).

- 인력 보조: 급 · 간식 준비, 차량지도, 놀잇감 세척 등과 같이 교사의 인력을 보조하는 것
- 전문적 역할: 부모가 교사로서의 전문성을 살려 재능기부, 보조교사, 놀이 돕기, 유아에게 책 읽어주기, 유아 관찰 등의 업무를 보조하고 지원하는 것

유아교육기관에서의 부모 자원봉사는 자원봉사자의 의지와 유아교육기관의 실정에 따라 다양하게 운영할 수 있다. 부모와 교사의 파트너십을 구현하는 데 적합한 활동이고 놀이 지원이라는 공통적인 목적 달성에 이바지하는 상호협력과 신뢰의 활동이라 할 수 있다.

최근에는 부모의 전문적인 자원봉사능력 함양을 위해 양성과정을 운영하기도 한다. 세종특별자치시(2019)에서는 학부모 교육자원봉사자 마을배움터 인력풀 구축 및 활용을 지원하기 위해 공동체놀이, 그림책놀이, 몸짓놀이에 대한 부모연수를 통해 자원봉사를 전문적으로 지원하는 프로그램을 구성 및 운영하였다. 이를 통해 자원봉사자의 전문성을 함양하여 단순 업무가 아닌 유아교육기관에 실질적인 도움을 줄 수 있다.

경기도교육청(2020)에서는 교육자원봉사활동 활성화 전담팀을 운영하고 있다. 2020년 코로나19로 침체된 교육자원봉사활

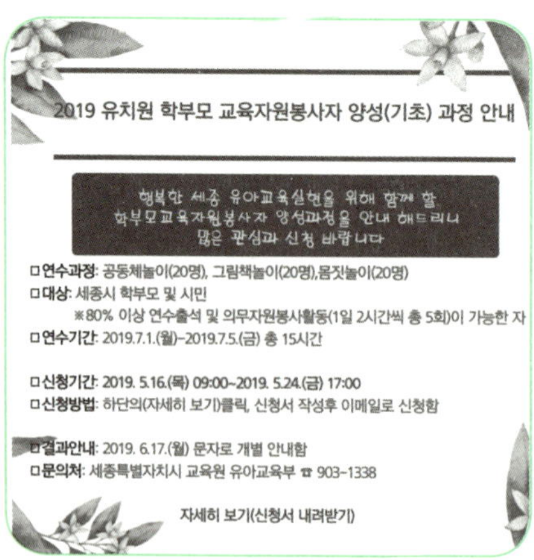

그림 2-8 학부모 교육자원봉사자 양성과정 안내문

동을 활성화하고자 수요조사 결과를 바탕으로 학교와 마을이 협력하는 교육자원봉사 활성화 방안을 위해 처음으로 '교육자원봉사 활성화 전담팀'을 운영한다. 그동안 교육자원봉사 활동이 단순노무나 기피업무 위주 활동에 집중돼 봉사자가 원하는 양질의 봉사 활동이나 우수한 봉사 인력 확보가 어려웠던 점을 반영한 것이다. 비대면 교육자원봉사 프로그램 개발과 마을 연계 교육자원봉사 활성화 방안을 개발하고 있다.

충남교육청(2014)에서는 '유치원 3세대 하모니 자원봉사자 사업'을 통해 핵가족화되고 맞벌이 부모가 많아지는 시대에 유아 · 부모 · 조부모 3세대 간의 정을 나누어 할머니의 정감 어린 손길을 유치원에서 느낄 수 있고 유아의 인성교육에 도움을 줄 수 있는 봉사자로서의 역할을 수행하도록 하였다. '3세대 하모니 자원봉사자'는 유치원에 '자원봉사자'로 신청 · 위촉받아 정해진 시간 동안 유아에게 책 읽어주기, 식사예절 도움, 자유놀이 지원, 안전 보조 등 유치원 교육활동 전반에 걸쳐 봉사한다.

연성대학교부속유치원에서는 아버지들이 목공놀이를 지원해주는 자원봉사를 실시하였다. 아버지와 함께 하는 목공놀이를 통해 유아들은 어려운 단계의 목공작품을 만들 수 있고, 아버지들도 교육과정에 능동적인 참여자로 함께 할 수 있다.

이러한 부모 자원봉사는 부모가 직접 유아교육기관을 방문하여 이루어지는 부모참여 형태이기 때문에 유아교육기관의 놀이중심 교육에 대한 이해를 도울 수 있다. 부모 자원봉사를 통해 놀이에 필요한 지원과 역할을 이해하게 되고, 교육기관과 상호

협력과 신뢰의 관계를 만드는 데 중요한 매개가 될 수 있다.

그림 2-9 책 읽어주는 할머니

그림 2-10 목공놀이를 지원해주는 아버지

부모참여를 통한 부모 지원

유아놀이를 지원하는 부모참여는 유아, 부모, 교사 모두에게 긍정적인 효과를 증진시킬 수 있다. 이전에는 유아교육기관이 사전 계획을 하고 부모의 신청을 받아 진행하던 부모참여가 최근에는 달라지고 있다. 즉 수동적이고 보조적인 역할에서 벗어나 공동체적 마인드를 가지고 부모들이 교육의 주체로서 협력적으로 유아교육 프로그램의 운영 및 의사결정과정에 적극적으로 개입하며 동등한 교육과정의 주체로서의 역할을 수행하고 있다.

유아교육기관 주도형 부모참여에서 점차 적극적 참여, 공동체적 참여로 부모참여의 유형을 심화시킬 수 있다(김은희, 김경철, 홍순옥, 임영심, 정수경, 2007). 1년에 1~2회로 계획된 부모참여의 경우 부모참여를 일회성의 부모참여 수업활동이나 특별한 행사로 인식하는 경우가 많기 때문에 부모들도 교육과정의 주체로 참여할 수 있도록 점차 적극적 부모참여의 기회를 늘려나가야 할 것이다.

'일반적 부모참여'의 방법은 부모참여수업의 형태로 유아교육기관에서 사전 계획을 하고 신청을 받아서 진행된다. 유아들의 놀이 모습과 교실 환경을 직접 볼 수 있다는 장점은 있지만 참여의 유형이 제한적인 편이다. 이에 비해 '적극적 부모참여' 유형은 부모도 다양한 역할을 담당한다. 유아의 놀이 환경을 지원하거나 행사를 지원하고 교실 속 놀이에 함께 참여하는 등 교육과정 안에서 보다 적극적인 역할을 하는 방식으로 진행된다. '공동체적 부모참여' 유형은 유아교육기관의 부모참여의 계획 단계에서부터 부모의 의견을 반영하는 방식으로 구성된다. 동등한 교육과정 파트너로서의 주체적인 부모 역할을 함께 하며 재능기부뿐 아니라 공동의 노력으로 함께 성과를 이루고 지역사회로 범위를 넓히게 된다.

이때 일부 부모들만의 참여가 되지 않도록 모든 부모들에게 공평한 기회를 주도록 하고, 참여할 수 있는 시간대와 유형을 다양하게 하여 선택의 폭을 넓게 하는 것이 좋다. 부모참여 후에는 꼭 활동 평가를 하여 다음 부모참여의 방향과 내용에 적절히 반영되도록 한다. 활용할 수 있는 예시는 **표 2-8**과 같다. 각 유아교육기관의 상황에 맞게 다양하게 적용하도록 한다.

표 2-8 부모참여의 발전적 유형

연령 \ 내용	일반 부모참여	적극적 참여	공동체적 참여
3세	• 현장학습 지원 • 아버지 참여 수업: 오감체험 놀이	• 부모가 대본, 배경, 음악 등 선정하여 구성한 동극공연 • 엄마와 함께 음악극 관람 후 유아들이 만든 음악극 무대배경, 대사 녹음 등 지원하기 • 교사와의 협의를 통한 성탄절 환경 구성하기 • 부모참여 가족나들이	• 부모참여유형 사전 조사 및 연간계획에 반영 • 유아 · 교사 · 부모가 함께 계획하고 진행하는 '마스크' 봉사 • 유아 · 교사 · 부모가 함께 계획하고 진행하는 어린이날 행사와 가족축제, 성탄행사
4세	• 어머니 참여 수업: 요리로 놀이하기 • 아버지 참여 수업: 게임, 동극놀이	• 부모가 다양한 전통놀이 소개 및 함께 하기 • 키와 몸무게 재는 측정관 도우미 • 유아가 만든 전래 노래극의 환경, 소품 제작 지원하기 • 아버지 참여 성탄축제 및 불우이웃돕기 • 부모 주도 가족신문 전시회	• 부모참여유형 사전 조사 및 연간계획에 반영 • 아버지 주도 직장초대 및 직업소개 • 유아 · 교사 · 부모가 함께 계획하고 진행하는 어린이날 행사와 가족축제 • 유아 · 교사 · 부모가 함께 계획하고 진행하는 벼룩시장과 지역사회 나눔 • 모든 가정이 참여하는 환경지키기 캠페인
5세	• 부모와 함께 가족축제 • 어머니 참여 수업: 문학적 접근을 통한 언어놀이 • 아버지 참여 수업: 신체놀이, 동극놀이	• 유아들이 축구골대, 농구골대 제작하기 • 부모님의 재능기부: 색종이접기, 점토놀이, 미술놀이 등 • 부모의 '김장'프로젝트 참여 및 봉사하기 • 부모참여 가족기차여행 • 부모 주도 가족신문 전시회	• 부모참여유형 사전 조사 및 연간계획에 반영 • 유아 · 교사 · 부모가 함께 계획하고 진행하는 어린이날 행사와 가족축제 • 유아 · 교사 · 부모가 함께 계획하고 진행하는 벼룩시장과 지역사회 나눔 • 부모와 함께 하는 세계음식축제 • 아버지 주도 '아빠캠핑' • 모든 가족이 참여하는 환경지키기 노래 캠페인(유튜브 이용) • 유아 · 교사 · 부모가 함께 하는 종합전시회의 환경구성 및 안내

놀이꾸러미를 통한 부모 지원

긴급 감염병인 코로나19로 인해 전국의 유아교육기관에서는 놀이꾸러미를 준비하여 원격수업을 실시하였다. 유치원 원격수업의 운영방안은 유 · 무선과 우편 등을 활용하여 가정 내 유아 놀이 지원 · 환류, 그리고 유아의 발달 및 가정 여건 등을 고려하여 교육자료를 온 · 오프라인의 다양한 매체를 활용하여 제공하고, 가정 내 놀이 지원을 관리하는 것을 의미한다(서울특별시교육청, 2020). 서울시교육청은 '집콕유치원'을 실시하였는데 온라인 지원을 포함한 포괄적인 가정 연계 활동을 지원하고, '집콕유치원 놀이꾸러미'를 각 가정에 배부하여 유아 주도의 놀이가 가정 내에서 이루어지도록 하였다.

놀이꾸러미는 각 가정에서 자녀와 함께 놀이를 직접 해보는 것이기 때문에, 부모가 유아의 놀이를 어떻게 생각하는지, 다양한 놀이에 얼마나 적극적으로 참여하는지에 따라 유아의 행복감에 큰 영향을 미치게 된다(김진희, 2020). 부모들은 세심한 관찰, 적극적 경청, 열린 마음으로 공감하기, 민감한 놀이 지원이 포함된 함께 놀이하기를 하도록 한다. 부모가 단순히 유아에게 사용 설명을 해주는 것에 그치는 것이 아니라, 유아의 놀이 속 배움의 과정에 함께 참여하여 유아의 발달을 지원할 때 의미 있는 성장을 도모할 수 있을 것이다.

현재 교육부 및 각 시 · 도교육청 등에서도 부모를 위한 원격 연수, 상담, 놀이꾸러미 및 안내자료 등을 제공하고 있다. 이로 인해 가정에서의 놀이시간이 늘어났다. 이미정과 신지연(2020)은 놀이꾸러미와 원격수업을 통해 부모들이 유아교육과정을 직접 경험하고 놀이를 이해하게 되었다는 연구결과를 보여준 바 있다. 유아교육기관에서는 시 · 도교육청에서의 지원을 가정에 안내하고, 자체 개발한 놀이꾸러미와도 연계할 수 있다.

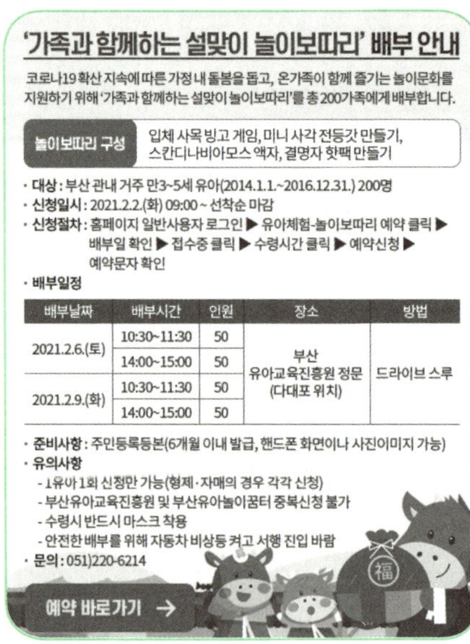
'가족과 함께하는 설맞이 놀이보따리' 배부 안내

코로나19 확산 지속에 따른 가정 내 돌봄을 돕고, 온가족이 함께 즐기는 놀이문화를 지원하기 위해 '가족과 함께하는 설맞이 놀이보따리'를 총 200가족에게 배부합니다.

놀이보따리 구성 입체 사목 빙고 게임, 미니 사각 전등갓 만들기, 스칸디나비아모스 액자, 결명자 핫팩 만들기

- **대상** : 부산 관내 거주 만3~5세 유아(2014.1.1.~2016.12.31.) 200명
- **신청일시** : 2021.2.2.(화) 09:00 ~ 선착순 마감
- **신청절차** : 홈페이지 일반사용자 로그인 ▶ 유아체험-놀이보따리 예약 클릭 ▶ 배부일 확인 ▶ 접수중 클릭 ▶ 수령시간 클릭 ▶ 예약신청 ▶ 예약문자 확인
- **배부일정**

배부날짜	배부시간	인원	장소	방법
2021.2.6.(토)	10:30~11:30	50	부산 유아교육진흥원 정문 (다대포 위치)	드라이브 스루
	14:00~15:00	50		
2021.2.9.(화)	10:30~11:30	50		
	14:00~15:00	50		

- **준비사항** : 주민등록등본(6개월 이내 발급, 핸드폰 화면이나 사진이미지 가능)
- **유의사항**
  - 1유아 1회 신청만 가능(형제·자매의 경우 각각 신청)
  - 부산유아교육진흥원 및 부산유아놀이꿈터 중복신청 불가
  - 수령시 반드시 마스크 착용
  - 안전한 배부를 위해 자동차 비상등 켜고 서행 진입 바람
- **문의** : 051)220-6214

예약 바로가기 →

그림 2-11 부산유아교육진흥원 놀이꾸러미

교육부와 시 · 도교육청 주관 놀이꾸러미 지원과 홈페이지를 정리하면 표 2-9 와 같다.

표 2-9 교육부, 시 · 도교육청 주관 놀이꾸러미 지원

구분	놀이꾸러미 지원 내용	홈페이지 주소
교육부	• 누리과정 포털, 아이누리	https://i-nuri.go.kr
서울특별시교육청 서울유아교육진흥원	• 집콕놀이: 놀이 원격수업 영상 및 활용 안내	https://seoul-i.sen.go.kr
부산광역시교육청 부산유아교육진흥원	• 안전나라 여행 • 집콕놀이 보따리	https://home.pen.go.kr/child
세종특별자치시교육청 세종유아교육원	• 세종e유치원: on-세상, on-놀이 • 유아생태놀이	https://edu.sje.go.kr/sejong-i
인천광역시교육청 인천유아교육진흥원	• 방콕놀이, 오늘은 뭐 먹을까, 책 읽어주는 엄마 • 체험실 연계놀이 지원자료 • 방콕꾸러미	https://child.ice.go.kr
대구광역시교육청 대구유아교육진흥원	• 진흥원 놀이터 • 놀이꾸러미 4종 지원	http://www.dge.go.kr/daegu-i
광주광역시교육청 광주유아교육진흥원	• 빛고을 e-놀이터, 온라인 나눔 밴드 • 북 · 놀잇감 드라이브 스루 • 집콕 놀이꾸러미	https://iedu.gen.go.kr
대전광역시교육청 대전유아교육진흥원	• 집콕놀이 • 교육자료대여서비스	http://dje-i.go.kr
울산광역시교육청 울산유아교육진흥원	• 뭐하고 놀지 • 놀이보따리 책보따리	https://uskids.kr
경기도교육청 유아체험교육원	• 해아뜰 놀이자료 • 놀이마켓 서비스, 해아뜰 놀잇감 • 부모교육자료	https://www.kench.or.kr
강원도교육청 강원유아교육진흥원	• 오늘 뭐해? 집에서 놀이해 • 유튜브 학끼오TV • 요리조리 감자놀이	http://gwch.gwe.go.kr
충청북도교육청 충북유아교육진흥원	• 신나게 놀자 • 교구 및 도서대여 서비스	https://cbiedu.go.kr
충청남도교육청 충남유아교육진흥원	• 충남i-학교로 유아놀이지원 • 집안놀이터	http://www.cn-i.go.kr

구분	놀이꾸러미 지원 내용	홈페이지 주소
전라북도교육청 전북유아교육진흥원	• 얘들아 마음껏 놀자, 아이 숲 좋아 • 유아 놀이 교재 · 교구 대여서비스	http://jb-i.kr
전라남도교육청 전남유아교육진흥원	• 재미팡! 놀이팡! • 재미주리 옛놀이	http://ysu.iedu.jne.kr
경상북도교육청 경남유아교육진흥원	• 놀이활동 코너 • 자기주도학습실: 온라인 일일학습(유치원) • 코로나-19 자기주도학습실: 유치원	http://www.gbe.kr
경상남도교육청 경남유아교육원	• 원격수업을 위한 놀이맵 • 도서 대여 및 놀이자료 택배 서비스 등	https://gnchild.gne.go.kr
제주특별자치도교육청 제주유아교육진흥원	• 원격수업 지원자료: 가정에서 놀아요, 와글와글 놀아샘의 놀이자료 • 가정돌봄지원자료	https://www.jje.go.kr

놀이꾸러미의 운영 단계는 계획-실행-평가-교육과정에 재반영의 단계로 지원한다. '계획 단계'에서는 유치원 홈페이지 내 놀이꾸러미 메뉴를 신설하여 준비하거나 SNS를 준비한다. 놀이꾸러미를 안내하거나 놀이의 과정 및 결과를 공유하는 용도로 사용된다. 놀이활동계획안 지원, 놀이꾸러미를 준비 및 제작한다. '실행 단계'에서는 놀이꾸러미 활용 영상과 놀이 콘텐츠, 실물자료를 제공한다. '평가 단계'에서는 유치원 홈페이지에 가정에서의 놀이결과를 공유하고 부모의 소통을 위한 지원, 놀이꾸러미 평가의견 수렴 등을 실시한다. '교육과정에 재반영 단계'에서는 가정에서의 놀이의 과정과 결과를 다시 유치원 교육과정에 반영하여 놀이를 확장해 나가도록 한다.

그림 2-12 놀이꾸러미 운영 단계

부모와 함께 할 수 있는 놀이꾸러미 활용방법을 구체적으로 소개하면 다음과 같다.

- 유아교육기관에서는 가정에서 놀이할 놀이꾸러미를 준비하고 놀이방법을 안내하는 영상을 준비한다. 답이 있는 단편적인 활동이 아닌 개방적으로 놀이를 펼쳐 나갈 수 있는 꾸러미로 준비한다. 놀이가 편중되지 않게 다양한 말놀이, 탐색놀이, 구성놀이, 신체놀이, 요리놀이, 미술놀이, 과학놀이 등을 준비하도록 한다. 준비과정에 부모들이 동참할 수 있다. 부모들은 꾸러미를 위한 다양한 생각을

모으고 포장 등의 자원봉사를 할 수 있다.

- 유아에게 원격수업으로 놀이꾸러미를 소개해주고 이해자료를 각 가정에서 활용할 수 있도록 해준다. 이후 각 가정에 도착한 놀이꾸러미를 열어 영상을 다시 보면서 놀이를 시작한다. 유아들의 창의적인 활용을 인정해 주고, 추가로 필요한 재료들을 지원해주도록 한다. 이때 부모들은 유아의 놀이에 귀를 기울이고, 정서적 · 물질적으로 지원해주도록 한다. 상품화된 교구놀이가 아닌 일상생활 속 재활용품, 솜, 곡식, 열매, 나뭇가지 등도 좋은 놀이재료로 함께 사용될 수 있도록 한다.
- 놀이사진이나 영상은 유치원에서 지정한 SNS에 업로드하고 감상할 수 있도록 한다. 좋은 의미가 담긴 댓글을 서로 써주도록 한다. 작품감상과 더불어 긍정적 사회관계를 유지하는 기회가 될 수 있으므로 놀이과정과 결과를 공유할 수 있도록 한다.
- 화상(ZOOM, Google Meet, Skype 등)으로 실시간 소통하며 놀이를 통해 나온 결과물을 소개한다. 경쟁하거나 비교하기보다는 서로 다른 점을 존중하고 상호 격려해준다.
- 완성된 작품은 유치원으로 가져와서 유치원 교육과정에 반영되도록 한다.

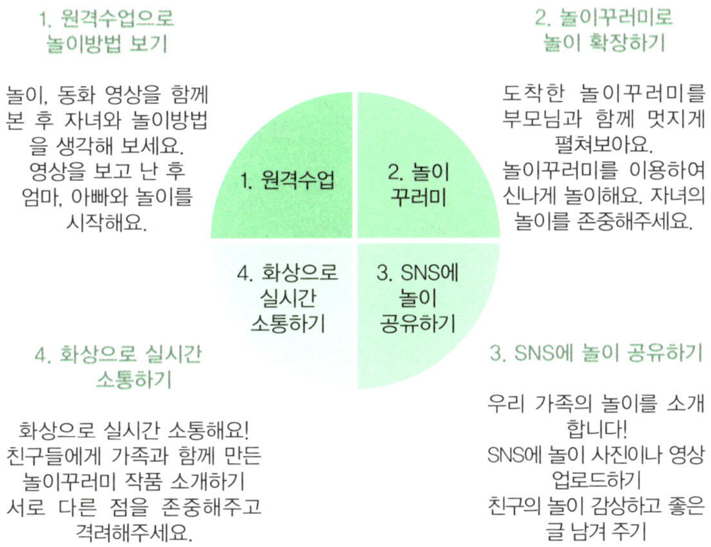

그림 2-13 놀이꾸러미 활용방법

부모들은 자녀들과 꾸러미로 놀이를 할 때 놀이가 편중되지 않고 고른 경험을 할 수 있도록 안배해 준다. 그러나 자녀가 관심과 몰입을 보이는 놀이에는 시간과 공간, 재료를 추가로 더 지원해 주어 자녀 스스로 놀이를 주체적으로 이어나갈 수 있도록 안내한다. 놀이꾸러미에 소개된 활동방법대로 시작했다 하더라도 다른 놀이와 결합하거나 다른 재료를 추가해줌으로써 발전된 놀이로 확장할 수 있다.

또한 놀이를 하는 과정에서 실수하거나 완성하기 어려운 경우, 부모가 대신해주기보다는 "어려운 방법인데도 혼자 힘으로 여기까지 해냈구나. 어떤 점을 도와주면 끝까지 스스로 할 수 있겠니?”라고 자녀를 인정해주는 격려와 도움을 동시에 주도록 한다. 유아가 만든 결과물은 잘 전시해주거나 소중하게 다루어준다. 유아는 놀이 속에서 자신을 존중하는 마음이 자랄 수 있다.

가정에서 놀이한 결과물은 등원 시 유아교육기관으로 가지고 와서 놀이 중심 교육과정에 재반영되도록 한다. 유아 개인의 놀이와 결과물이 유아들의 놀이 중심 교육과정에 반영되면서 다양한 생각과 시도가 모여 또 다른 놀이 맥락을 구성하며 이어질 수 있다. 관련하여 성결대부속유치원의 사례를 살펴보면, 놀이꾸러미 중 부모와 함께 만든 ‘슬픔을 위로하는 손수건 만들기’의 결과물을 유치원으로 가지고 와서 손수건 신체놀이, 손수건 모빌, 손수건 패션쇼 등의 놀이로 확장되었다는 것

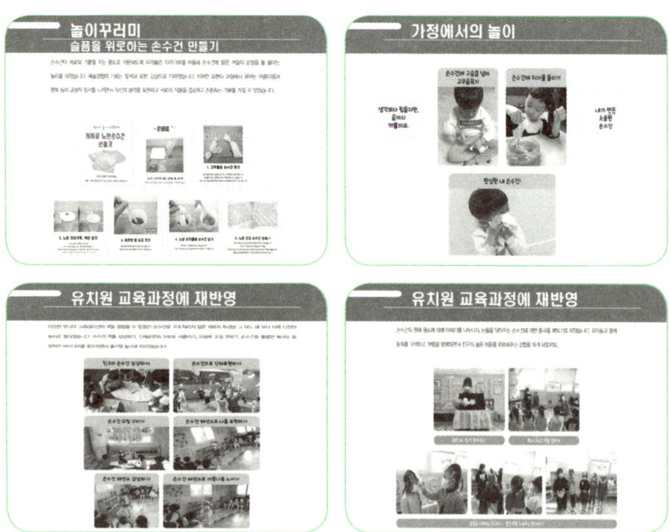

그림 2-14 놀이꾸러미의 결과를 유치원 교육과정에 재반영하기

을 알 수 있다. 또한 유아들은 동극을 진행하면서 필요한 소품으로 자신들이 만든 손수건을 활용하기도 하였다(교육부, 2020). 이러한 놀이과정과 결과는 놀이실행안이나 홈페이지 등에 담아 부모들에게 전달될 수 있도록 한다.

이상에서 유아교육기관에서 시행할 수 있는 놀이 중심 교육과정을 위한 부모 지원의 방법을 다양하게 살펴보았다. 이 방법들은 순차적이지 않고 유아교육기관과 부모, 유아의 사회문화적 맥락에 맞게 재구성될 수 있다. 유아교육기관과 가정이 소통하면서 지속적으로 놀이 중심 교육과정의 능동적 협력자이자 참여자로 함께 할 때 행복한 유아의 놀 권리는 지켜질 수 있다. 유아교육기관과 부모가 상호존중하고 이해하면서 협력할 때 놀이를 통한 유아의 안정적 성장이 이루어질 수 있을 것이다.

닫는 글

목표가 동일하다 해도 함께 걸어가는 게 쉬울 리 없다. 그러나 이제는 부모도 교사와 함께 이 시대의 유아교육을 책임져야 한다. 유아 놀이에 있어 부모와 교사가 한 마음으로 지원한다는 것이 얼마나 큰 영향력을 가지는지 우리 모두 잘 알고 있기 때문이다.

유아교육기관과 부모가 상호 신뢰를 바탕으로 공동체적 동반자로 안정적인 협력을 지속하게 되면 교육의 일관성을 확보할 수 있다(이채영, 김현주, 2020). 어렵지만 가치 있는 이 일을 위해, 부모의 관심과 요구를 인정하고 합의하여 협력하는 과정을 거쳐야 한다. 유아교육과정에의 긍정적인 요인으로 작용하기까지는 서로를 이해하는 과정이 필요하지만 이러한 과정 자체가 유아 · 놀이 중심 교육과정의 일부라 할 수 있다.

여기에 실린 정보나 부모 지원의 방안은 사례일 뿐이므로, 각 단위 유아교육기관에서 자체적인 부모교육과 부모참여의 방안을 더욱 새롭게 창안하는 데 참고자료로 활용하시기를 권장 드린다. 유아의 유능함뿐 아니라 교사의 유능함과 자율성, 전문성을 인정하고 지원하기 위한 부모 지원 자료이므로, 끊임없는 개선이 더하여져 행복한 유아교육의 의미 있는 사례들도 재탄생되기를 기대한다.

생각해 봅시다

1. 놀이의 중요성은 부모 모두가 공감하고 있다. 그럼에도 불구하고 부모마다 놀이에 대한 인식과 실행이 다른 이유는 무엇일까? 함께 공감할 수 있는 비전은 어떻게 합의할 수 있을까?

2. 교육과정의 운영의 동반자로서 부모를 인정하고 의견을 수용하기 위해 기존의 교육행정에는 어떤 변화가 필요한가? 또한 장애물이 있다면 무엇이고 어떻게 해결해 나가야 할까?

한 번 더 읽어볼 만한 책

1. 권귀헌 (2019). **부모와 아이의 소통일기**. 서울: 심야책방.

2. 미카엘리 치리프 (2017). **토마스는 어디에 있을까?** 경기: 모래알.

3. 장 앱스탱, 클로에 라디게 (2020). **나의 작은 탐험가**. 경기: 세 개의 소원.

4. 진 커제즈 (2019). **부모가 된다는 것의 철학: 아이를 낳고 기르는 삶에서 마주치는 철학적 질문들**. 서울: 클.

5. 카시와기 게이코 (2019). **아이는 부모와 함께 성장한다**. 경기: 섬앤섬.

참고문헌

고재경 (2019). **부모소모임에 참여하는 어머니의 양육효능감.** 중앙대학교 사회복지대학원 석사학위논문.

교육부 (2010). **학급보조 자원봉사 연수자료.** 서울: 교육부.

_____ (2020). **2019 개정 누리과정 학부모 이해자료.** 세종: 교육부.

_____ (2020). **인성교육을 위한 교육과정 실행 자료.** 세종: 교육부.

김은희, 김경철, 홍순옥, 임영심, 정수경 (2007). 유아교육기관에서 공동체적 부모참여의 발달과 교육적 의미. **변형영유아교육연구, 1**(1), 29-44.

김진희 (2020). 유아의 놀권리에 대한 어머니인식, 놀이참여가 유아행복감에 미치는 영향. **한국부모학회, 17**(1), 49-64.

김희진 (2017). **유아교육기관에서의 부모교육과 지원.** 서울: 파란마음.

배지희, 조미영, 봉진영, 김은혜 (2011). 유아교육기관에서의 부모교육 및 참여에 대한 부모들의 경험과 기대. **유아교육연구, 31**(3), 277-302.

서울특별시교육청 (2020). **코로나19 대응을 위한 2020학년도 신학기 휴업에 따른 유치원 학사운영 방안.** 서울: 서울특별시교육청.

성영화, 김근희, 김민화 (2014). 어린이집 가정통신문의 내용과 편집 구성에 대한 부모와 교사의 인식 및 요구. **미래유아교육학회지, 21**(2), 69-91.

유정진, 안선희 (2019). 유아교육기관에서 부모 자원봉사 활동 참여에 따른 부모-교사 협력의 차이. **미래유아교육학회지, 26**(1), 179-207.

이미정, 신지연 (2020). 유치원 원격수업 가능성 탐색을 위한 실행연구. **유아교육학논집, 24**(5), 277-302.

장혜진, 이정림, 김해인 (2013). **영유아 행복을 위한 부모역량 제고 방안연구.** 서울: 육아정책연구소.

정계숙, 박지영 (2016). 영유아 어머니의 자발적 소모임 참여 실태와 참여변인별 부모-교사 협력 차이. **열린유아교육연구, 21**(5), 313-335.

최미숙 (2016). 유아 부모-교사 파트너십이 교사효능감에 미치는 영향력. **열린부모교육연구, 8**(2), 111-124.

한국보육진흥원 (2014). **부모교육자료 놀이를 통해 배워요.** 서울: 한국보육진흥원.

한유진, 강민수, 안복희 (2019). 유아기 자녀와 부모 간 의사소통 촉진을 위한 부모교육 프로그램 개발에 관한 연구. **열린부모교육연구**, 11(4), 87–110.

Fogel, L. (2003). Parent beliefs about play: Relations with parent–child play interaction and child peer play competence. Doctoral Dissertation, University of South Carolina.

부모가 궁금해하는

CHAPTER 3

놀이 이야기

부모가

궁금해

하는

놀이

이야기

여는 글

유아교사가 유아교육 현장에서 맺게 되는 다양한 관계는 크게 세 가지로 나뉜다. 유아와의 관계, 기관의 구성원인 동료 교사와의 관계, 그리고 부모와의 관계이다. 이 세 가지 관계는 모두 중요하며 모든 관계를 잘 형성해야 바람직한 유아교사로 세워질 수 있을 것이다. 그러나 많은 유아교사들이 경력에 상관없이 부모와의 관계 또는 부모 상담에 대해 어려움과 부담감을 갖고 있다(임경심, 2018). 그 이유는 무엇일까? 많은 원인이 있겠지만 교사와 부모 간 신념과 견해에 차이가 있을 때, 서로에 대한 생각과 교육철학에 대한 이해가 부족할 때 교사-부모의 관계에서 많은 어려움이 생긴다.

교사는 다양한 주제와 내용으로 부모와 의사소통하고 상담을 하게 되며 부모와의 상담이 결코 쉽지만은 않으나 상담에서 다뤄지는 모든 내용은 중요하다. 다양한 소통의 주제들 가운데 교사가 놀이의 가치에 대해 부모와 의사소통을 하는 것은 특히 중요하다(Johnson et al., 2006). 또한 이에 관해 부모와 긍정적인 소통의 방식을 지속적으로 유지해 나가야 할 필요성이 있다. 영유아가 부모와 주고받는 긴밀한 상호작용은 놀이의 기반이 되며, 무엇보다 이 시기에 놀이를 위한 풍성한 환경을 제공하고 적극적으로 놀이를 지지하고 격려하는 부모의 역할이 중요하기 때문이다(신경화, 하연희, 2019). 앞 장에서도 언급하고 있듯이 놀이 중심 교육과정은 유아교육기관의 노력만으로는 이루어질 수 없다. 가정과의 긴밀한 연계와 소통, 협력을 통해 유아·놀이 중심 교육과정을 부모와 함께 만들어나가는 것이 중요하다. 교사는 전문가로서 유아에 대한 정보를 부모와 공유하고 부모를 교육과정 운영의 협력자, 동반자로 수용하는 태도를 가져야 한다. 또한 교사는 상담가로서 부모의 궁금증과 어려움을 해결하기 위해 적극적으로 조언하고 조력하는 역할을 수행해야 한다. 본 장에서는 놀이에 관해 부모가 궁금해하는 이야기, 부모의 입장에서 여전히 납득하기 쉽지 않은 놀이의 중요성과 가치에 대한 이야기, 놀이에 대한 인식 변화를 촉구하기 위한 이야기, 놀이에 대한 부모와 자녀의 서로 다른 입장에 관한 이야기를 다루고자 한다.

놀이에 대한 인식의 변화 :
놀아주는 것일까? 함께 노는 것일까?

스스로에게 물어보자. 나는 잘 노는 사람인가? 잘 놀지 못하는 사람인가? 아이와 함께 하는 놀이가 즐거운가? 힘들고 어려운 과제처럼 여겨지는가?

아이와의 놀이가 힘들다면 아마도 그 이유는 진정으로 그 놀이를 즐기지 못해서일 것이다. 놀이는 자체로 즐거움과 긍정의 정서를 포함한다. 그러나 그것이 교사 또는 부모에게 똑같이 적용되지는 않을 수도 있다. 아이와 놀아주어야 한다는 의무감에 놀이는 일이 되어버리기도 한다. 그동안 아이와의 놀이를 아이와 놀아주는 것이라고 생각했다면 이제 생각의 변화가 필요하다. 놀아주는 것은 의무감을 필요로 하고 때로는 억지로 하게 되거나 놀이하는 척하는 것이 될 때도 있다. 그러나 아이에게 필요한 놀이 상대는 함께 놀이 속에 깊숙이 들어가 뒹굴고 어울리고 함께 웃을 수 있는 친구 같은 존재이다.

그렇다면 아이와 함께 잘 놀고 있다는 것은 어떻게 판단할 수 있는가? 놀이의 중요성이 강조되는 시대를 살아가고 있는 만큼 놀이의 정의와 특성에 대해서는 충분히 논의해 왔다. 또한 본 서의 앞선 장에서도 놀이에 대한 다양한 특성을 제시하고 있다. 하지만 놀이의 정의나 특성에 근거하여 유아가 하고 있는 활동이 진정한 놀이로 읽힌다 하더라도 그러한 판단이 교사나 부모, 성인의 관점으로만 이루어지는 것은 곤란하다(임수진, 김윤희, 박형신, 이승하, 장경은, 탁정화, 2019). 아이가 부모와 함께 하는 놀이시간을 즐거워하고 아이가 놀이의 주인이 되고 몰입할 수 있는지가 그 근거가 되어야 할 것이다. 놀이에 대한 인식과 시선이 바뀌고 진정한 놀이를 찾아가게 된다면, 진짜 놀이는 유아만 성장시키는 것이 아니라 함께 놀이하는 부모도 성장시킬 것이다.

Q. 왜 부모가 아이와 함께 놀아야 할까요?

만 4세 은수 엄마의 이야기

저는 맞벌이 부모입니다. 남편은 퇴근이 늦어 방과후과정을 마치고 유치원에서 돌아온 아이에게 저녁을 먹이고 씻기고, 재우기까지 온전히 제 몫이라 퇴근 후 저녁 시간이 빠듯하지요. 제가 저녁을 준비하는 동안이라도 아이가 혼자 놀면 좋을 텐데… 그리고 퇴근하고 와서 아이와 놀이하기에는 제 남은 에너지가 많이 부족해요. 그런데도 아이는 항상 저를 불러서 같이 놀려고만 합니다. 왜 부모가 아이와 함께 놀아주어야 할까요?

많은 맞벌이 가정에서 흔히 볼 수 있는 저녁풍경이다. 맞벌이 가정뿐 아니라 형제자매 없이 한 자녀를 기르는 부모가 가진 가장 큰 고민이기도 하다. 부모가 함께 하는 놀이는 아이에게 어떤 의미가 있을까?

첫째, 아이에게 부모는 훌륭한 놀이 파트너이다.

일반적으로 놀이는 혼자 할 때보다 함께 놀이할 친구, 놀이 파트너가 있을 때 더 즐거워진다. 어쩌며 당연한 이야기지만 아이가 혼자 놀았으면 하는 부모의 입장과 하루를 마무리하는 분주한 시간과 상황이 앞서, 놀이를 하기 원하는 아이의 입장에서 놀이 파트너가 필요하다는 사실이 종종 간과되기도 한다. 그러나 놀이를 하는 데 있어 놀이 상대는 어떤 놀이 환경이나 놀잇감보다도 더 우선적으로 요구되는 조건이다. 유아는 또래와의 놀이를 통해서도 즐거움을 얻지만 자신에게 중요한 의미를 지닌 성인, 즉 부모와의 놀이, 또는 교사와의 놀이를 통해 기쁨과 성장을 경험한다.

둘째, 아이는 부모와의 놀이를 통해 애정과 관심의 욕구를 채운다.

아이가 부모와 함께 놀이하기 원하는 또 다른 중요한 이유는 바로 이것일 것이다. 부모의 사랑을 넘치게 받는 아이들도 언제나 여러 가지 방법으로 그 사랑을 확인하고 싶어 한다. 함께 하는 놀이, 놀이하면서 나누는 대화, 자연스러운 스킨십은 아이가 부모의 사랑과 관심을 확인할 수 있는 가장 확실한 방법이다. 이를 통해 아이는 정서적 안정감을 갖고 세상에 대해 더 많은 것을 배울 수 있는 용기와 힘을 얻는다. 따라서 부모와의 놀이는 그 누구와의 놀이보다 더 중요한 의미를 지니고 있다고 할 수 있다.

셋째, 아이는 부모와의 놀이를 통해 많은 것을 배운다.

유아교육기관에서 만나는 다양한 친구와의 놀이, 교사와의 놀이를 통해서도 배우고 성장하지만 부모와의 놀이를 통해 얻게 되는 것들은 다양하다. 부모가 중요하게 생각하는 가치관과 신념은 말로 가르치고 전달하는 것보다 일상생활 속에서의 놀이와 대화를 통해 자연스럽게 전달된다. 또한 아이들은 부모 앞에서 자신의 감정을 가장 편안하게 표현한다. 또한 감정을 조절하는 방법도 부모로부터 가장 잘 배울 수 있다. 부모와 함께하는 놀이 속에서 아이는 더 많이 성장한다는 것을 부모가 이해하는 것이 무엇보다 중요하다.

이처럼 부모-자녀 간의 놀이가 중요한 의미를 지님에도 불구하고 부모의 입장에서는 매일 아이와 함께 놀이하는 것이 쉽지는 않다. 여러 가지 이유가 있을 것이다. 시간의 부족과 상황적인 문제도 있지만 놀이에 대한 이해의 부족과 스스로 잘 놀지 못한다는 부모의 생각과 놀이에 대한 부담감 때문이기도 하다. 교사는 유아교육 전문가로서 놀이에 대해 어려움과 고민을 가진 부모의 상황과 마음을 이해하고 읽어주면서 위의 내용을 바탕으로 다음과 같이 조언할 수 있다.

교사가 부모에게

"놀이시간이 길지 않아도 됩니다."

아이는 한 번에 만족할 만한 긴 시간을 놀이하는 것보다 20분, 30분씩이라도 부모와 함께 놀이하는 시간을 필요로 합니다. 매일의 일과 속에서 놀이시간이 반복적 일상이 되도록 하는 것이 중요하지요. 아이는 저녁을 먹은 후에는 부모와 놀이를 할 수 있다는 것을 예측할 수 있고, 놀이의 경험과 추억이 매일 매일 쌓이면서 만족감을 얻게 됩니다. 저녁을 먹고 목욕을 하는 일처럼 반복적이고 당연한 가족의 일과가 된다면 저녁시간을 분주하게 보내거나 잠자리에 드는 시간이 늦어진다는 부담감을 덜고 자연스럽게 아이와 놀이할 수 있습니다. 만약 매일 20분 정도의 놀이시간을 별도로 만들기 어려운 상황이라면 저녁일과를 놀이로 만들어보면 어떨까요? 저녁식사 준비나 설거지를 아이가 놀이로 참여하도록 해주시거나, 목욕을 하면서 즐거운 놀이가 이루어질 수 있도록 말이죠. 다만 짧은 놀이시간이라도 아이와의 놀이에만 집중해주세요. 휴대폰을 옆에 놓고 들여다보거나 TV를 켜놓고 힐끗힐끗 본다거나 설거지를 하면서가 아니라 온전히 아이의 이야기를 듣고 아이가 제안한 놀이에 참여하고 반응하는 것입니다. 아이만큼 부모가 놀이와 이 시간을 즐기는 것이 중요합니다.

또한 어느 날은 놀고 어느 날은 놀지 않는 것이 아니라 가능한 한 반복적으로 놀이 일상이 이루어지게 해주세요. 부모와 함께하는 것에 목마른 아이의 갈증을 해결해주도록 짧지만 정해진 시간에 하는 놀이가 일상이 되는 것이 중요합니다.

Q. 아이와 놀아주는 것이 어색하고 힘들어요.

만 3세 현우 엄마의 이야기

제 아이는 혼자 커서 그런지 항상 저에게 와서 놀아달라고 합니다. 그런데 저는 아이 옆에 있어주는 것은 괜찮은데 같이 놀아주는 것이 어려워요. 사실 아이가 하는 놀이를 보면 아무것도 아닌 것을 계속 반복하기도 하고, 특히 저에게 어떤 역할을 정해주면서 놀이하자고 할 때는 어떻게 반응해야 할지 난감해요. 적절한 상호작용을 한다는 것이 어렵거든요.

아이와 놀이를 하고 싶어도 놀이를 지속하는 것이 어렵고 지루하거나, 잠깐 놀이를 하다가 지쳐버리는 경우가 있다. 이는 부모가 잘 놀이해 본 경험이 없기 때문이다. 업무와 과제, 학습에 익숙해진 성인의 눈으로 본다면 아이가 하고 있는 단순하고 반복적이며 목적을 알 수 없는 놀이가 왜 재미있는지 이해하기 어려울 것이다. 그러나 놀이는 본래 목적이 없고 목표나 결과가 아니라 놀이의 과정에서 얻는 즐거움에 의미가 있다.

부모도 놀이의 즐거움을 다시 찾아가야 한다. 이것은 하루아침의 결심으로 되는 것도 아니고 한두 번의 노력으로 되는 것도 아니다. 부모에게도 놀이성에 대한 회복의 시간이 필요하다. 그러기 위해서는 몸으로 부딪쳐야 한다. 아이와 놀이하는 것이 어색하고 불편하다고 놀이를 피하는 것이 아니라 아이와 같은 입장이 되어 놀이하는 경험을 하나씩 쌓아갈 필요가 있다.

가장 중요한 것은 자녀를 위해 놀아 주는 것이 아니라 함께 놀이하는 것이라는 의식의 전환이다. 놀아주는 것은 의무이고 또 다른 과제가 되지만 함께 놀이한다는 의미는 부모 역시 자녀와의 놀이를 진정으로 즐기는 것이다. 때로 부모는 놀이를 통해 무엇을 얻어야 한다는 생각과 부담감 때문에 놀이하면서 자신이 유아의 놀이를 확장 · 발전시키거나 놀이를 통해 무엇인가를 깨닫게 돕는 어떤 역할을 해야 한다고 여기는 경우가 있다. 그러나 놀아주는 것이 아니라 함께 놀이한다는 것은 아이가 원하는 방법으로 놀이자 또는 놀이참여자가 되는 것이다.

아이가 놀이를 시작하거나 역할을 정하는 주도권을 갖게 하고 부모는 이를 그대로 따라가면 된다. 아이가 하고 있는 놀이모습을 모방하면서 반응하는 것도 좋다. 놀이하고 있는 아이를 바라봐 주는 것, 다른 생각이나 행동을 하지 않고 아이의 놀이에 관심을 갖고 그 자리에 있어주는 것도 때로는 아이와 함께 하는 놀이가 될 수 있다.

교사가 부모에게

"아이는 함께함을 원하고 있어요."

성인이 어린 아이의 놀이를 이해하고 그 수준에 맞게 함께 놀이한다는 것이 처음에는 어려울 수 있습니다. 그러나 우리도 어린 시절 아주 단순하고 의미 없어 보이는 놀이를 하면서 성장해온 것처럼 이제 다시 아이와 함께 놀이의 경험을 차곡차곡 쌓아간다고 생각해보면 어떨까요? 아이가 풍선을 불어달라고 했을 때 풍선을 불어서 건네주는 것에 그치

지 않고 풍선 하나를 더 불어서 엄마도 풍선을 들고 함께 흔들어 보는 것, 동시에 손을 놓아 풍선을 날려 보내고는 함께 깔깔거리며 웃는 것. 사실 아이는 이런 작은 함께함을 원하고 있는 것입니다. 거창하고 특별한 놀이가 아니더라도 단순히 아이 옆에 있어주는 시간을 천천히 만들어가다 보면 좋은 놀이 파트너가 되어 있을 거예요.

Q. 놀이하는 방법을 많이 알면 잘 놀아줄 수 있을 텐데 아이디어가 부족해요.

만 3세 영지 엄마의 이야기

아이와 잘 놀이하는 엄마가 되고 싶은데 어떤 놀이를 같이 하는 것이 좋을지 모르겠어요. 놀이하는 방법과 놀이 아이디어가 많았으면 좋겠어요. 아이는 같이 놀자고 하는데 제가 막상 아이와 할 수 있는 방법을 잘 모르니 답답할 때가 많아요. 기왕이면 아이의 발달에도 도움이 되는 놀이를 준비해주고 싶은데 어떻게 해야 할까요?

아이와 놀이하는 다양한 아이디어와 방법을 알고 싶어 하는 부모에게 필요한 것은 사실 놀이의 주도권을 아이에게 전적으로 넘겨주는 것이다. 아이에게 놀이의 주도권을 준다는 것은 놀이의 시작과 끝을 아이 스스로 정하게 하는 것이다. 아이와 할 수 있는 놀이 아이디어가 있으면 잘 놀아줄 수 있으리라 생각하는 부모는 정해진 놀이를 아이에게 제안하거나 부모 중심의 놀이를 이끌고 그 방법으로 할 수 있는 놀이의 과정이 끝나면 서둘러 끝내려고 한다. 이는 반대로 놀이의 아이디어가 많은 부모도 마찬가지이다. 부모 자신이 생각한 놀이, 부모가 재미있다고 생각하는 놀이, 아이에게 경험시키면 좋겠다고 여긴 놀이를 제안하거나 일방적으로 이끌게 되는 경우도 있다. 그러나 이 두 경우 모두 아이는 부모와의 놀이에 참여하기는 하지만 자발적이며 주도적인 놀이를 하는 경험을 빼앗기게 된다. 이러한 형태의 놀이가 반복된다면 매번 부모에게 놀이의 아이디어나 진행을 요구하거나 점차 부모가 제안하는 놀이에 의존하게 되고, 결국 아이의 놀이 수준은 발전되기 어렵다. 부모의 놀이성은 좋아지는데 아이의 놀이성은 제자리에 멈춰버릴 수 있다는 것이다.

부모가 안내하고 제안하는 놀이가 무조건 부정적이라는 것은 아니다. 어린 영유아의 경우 부모가 놀이의 방법을 알고 안내해주어 놀이를 즐겁게 해보았던 경험이 씨앗이 되어 연령이 높아질수록 자신만의 놀이로 더 발전되고 다양해질 수 있다. 그러나 놀이하는 방법이 주어져야 놀이하는 유아는 자율적이고 주도적으로 경험하고 성장하기 어렵다.

교 사 가 부 모 에 게

"아이를 믿고 아이의 놀이를 따라가 주는 것이 더 중요해요."

가장 중요한 것은 아이가 놀이를 주도하도록 기다려주고 아이의 놀이 방식에 따라 함께 놀이하는 참여자가 되는 것입니다. 그러면 아이가 주도하는 놀이니까 한 걸음 물러나 지켜보기만 하면 되는 것 아니냐고요? 놀이 파트너로서 또는 놀이 지원자로서 부모가 해야 할 역할은 아이의 놀이가 어떻게 시작되는지, 어떻게 진행되는지 옆에서 살펴보면서 더욱 재미있고 즐거운 놀이가 되도록 적절한 지원을 해주는 것입니다. 이것은 물리적 환경을 마련해주는 것일 수도 있고 정서적인 지지나 상호작용이 될 수도 있습니다. 때로는 아이에게 간단한 제안을 하면서 놀이를 확장하고 심화시키는 역할을 할 수도 있습니다. "윤하가 지금 점토를 주무르고 있구나. 엄마도 만져봐야지.", "윤하랑 점토놀이 하니깐 엄마는 너무 기분이 좋은데?", "우리 여기에 물감을 섞어보면 어떨까?" 이처럼 부모가 아이를 위해 미리 놀이의 종류와 방법, 자료를 준비하려고 하기보다는 자연스럽게 아이가 선택하는 놀이가 무엇인지에 관심을 기울이고 그것을 지원해줄 수 있는 방법에 대해 고민해보는 것입니다.

물론 아이와 놀이를 시작하기 위한 물꼬를 트기 위해 어떤 놀이가 있을지, 어떤 놀이 정보나 아이디어가 있을지 찾아볼 수 있습니다. 또한 마음만 먹으면 다양한 놀이에 대한 정보는 얼마든지 쉽게 찾을 수 있답니다. 하지만 인터넷이나 서적에서 찾은 놀이방법 그대로만 놀이해보고 끝내는 것은 진정한 놀이라기보다는 해내야 할 숙제에 가깝습니다. 아이가 좋아하는 포인트가 어디인지, 아이가 원하는 방식이나 방법은 무엇인지, 아이에게 잘 맞고 즐거워하는 부분이 무엇인지를 파악하는 것에 초점을 맞춰야 합니다. 그 지점을 발견했다면 놀이는 무궁무진하게 재구성될 수 있고, 새롭게 창조될 수 있습니다. 우리 아이가 좋아하고 우리 아이에게 잘 맞는 방법으로 함께 놀이를 만들어가는 것이 중요하지요.

Q. 혼자 놀이하는 아이, 괜찮을까요?

만 4세 도윤이 엄마의 이야기

아이가 요즘 유치원에서 혼자 놀이했다는 이야기를 많이 해요. 그래서 속상했냐고 물어보면 그렇지는 않았다고 하지만 걱정이 됩니다. 친구들과 어울리기를 힘들어하는 것인지, 아니면 우리 아이의 놀이 수준이 다른 아이들에 비해 낮은 것은 아닌지 여러 가지 생각이 들어요. 놀이에도 발달단계가 있다던데 혼자 놀이하는 것만 좋아하는 아이는 어떻게 도와주어야 할까요?

파튼(Parten)은 영유아의 놀이형태가 발달해 가는 과정에 단계가 있다고 하며 이를 사회적 놀이의 발달단계라고 하였다. 유아기의 놀이는 혼자놀이, 평행놀이, 연합놀이, 협동놀이로 구분할 수 있다. 그러나 놀이 형태가 반드시 단계적, 순차적으로 나타나는 것은 아니며 단순히 놀이의 형태로 발달의 성숙을 판단할 수는 없다. 혼자놀이가 사회적 놀이 발달의 초기 단계에 있다고 해서 무조건 혼자놀이를 하는 유아가 미성숙했다거나 놀이의 수준이 낮다고 단정 지을 수 없다는 것이다.

유치원에서나 친구들과 어울리는 상황에서 자연스럽게 친구와 놀이를 하면서 집에서는 주로 혼자 놀이하는 경우라면 크게 걱정할 필요 없이 아이의 놀이를 인정해주고 조금 떨어져서 관찰하는 정도로 살펴보아도 무방할 것이다. 그러나 사회적 경험이 비슷한 또래들과 달리 친구들이 많이 있는 유아교육기관에서도 아이가 계속해서 또래와 분리되어 혼자놀이를 한다거나 다른 또래와의 사회적 관계 형성이 잘 이루어지지 않는 것 같다면 다음의 사항들을 통해 아이가 혼자 놀이하는 이유를 확인해볼 필요가 있다.

- 즐겁게 놀이할 수 있는 놀이 상대가 있는가?
- 주로 혼자 놀이하게 되는 상황은 어떤 때인가?
- 아이의 성향이나 성격에 따라 혼자놀이를 선택하는 것은 아닌가?
- 아이가 선호하는 놀이가 혼자 몰입해서 무엇인가를 성취해내는 형태의 놀이인가?
- 함께 놀이하고 싶은데 친구에게 다가가기 어려워서 혼자 놀이하고 있는 것은 아닌가?

유독 혼자놀이를 좋아하는 아이가 있다. 많은 친구들과 어울려서 놀이하는 것보다 자신이 원하는 놀잇감을 선택하고 혼자 집중해서 놀이하면서도 즐거움과 만족감을 느끼는 것을 선호하는 것이다. 이러한 성향의 아이에게는 여럿이 함께 놀이하기를 강요하기보다는 아이가 좋아하는 놀이를 인정해 주어야 한다. 처음에는 교사나 부모가 아이의 놀이에 관심을 두고 놀이에 참여하면서 같이 놀이하는 것이 주는 즐거움을 경험할 수 있도록 하고 한두 명의 친구와 함께 놀이할 수 있는 기회를 자연스럽게 제공해주는 것이 바람직하다.

혼자 놀이하는 것을 더 편안하게 느껴서 혼자 놀이하는 아이도 있지만 사실은 친구와 함께 놀고 싶지만 다가가는 방법을 모르거나 내성적인 성격 때문에 친구들 주위를 맴돌기만 하거나 겉도는 아이도 있다. 이러한 경우 교사나 부모의 적절한 도움이 필요하다. 내성적인 아이에게 친구들에게 가서 같이 놀이해 보라고 등을 떠미는 것이 아니라 처음에는 성인이 함께 놀이하면서 다른 또래를 이 놀이에 초대하기도 하고, 반대로 아이가 들어가고 싶은 놀이집단에 들어가기 위해 필요한 말이나 행동을 함께 연습하면서 놀이에 참여해보는 경험을 한다. 그리고 아이가 그 놀이집단에서 편안한 마음으로 또래들과 놀이를 하게 되었을 때 교사나 부모는 자연스럽게 뒤로 물러나면 된다. 소극적이고 내성적인 성격을 지닌 아이가 사회적 관계 형성에 어려움을 갖고 있다면 한두 번의 노력으로 변화를 기대하기보다는 꾸준하게 이러한 기회를 갖도록 지원해줄 필요가 있다. 특히 이것이 아이에게 부담이 되지 않도록 속도를 낮추고 인내심을 갖고 도와야 할 것이다.

어떤 경우에는 평소 친구들과 잘 어울려 놀던 아이가 갑자기 혼자서만 놀이하는 모습이 자주 눈에 띄기도 한다. 이때는 아이가 어떤 놀이를 하는지 자세히 들여다볼 필요가 있다. 놀이의 종류에는 함께 놀이하면서 즐거운 놀이도 있지만 독립적으로 놀이하면서 끝까지 몰입해서 결과물을 만들어내며 만족감을 얻는 놀이도 있다. 예를 들어 작은 비즈조각을 이용하여 자신이 생각한 모양을 구성하는 놀이에 흥미가 집중되었을 때, 다른 친구들의 방해를 받지 않고 끝까지 완성하기 위해 친구들이 없는 구석으로 가서 혼자 오랜 시간 놀이하는 경우도 있다. 이러한 경우 이 아이가 사회적 관계 맺기를 어려워하거나 놀이의 수준이 미성숙하다고 할 수 없다. 유치원에서 혼자 놀이했다는 아이의 말만 듣고 걱정하기보다는 아이가 요즘 관심을 두고 있는 놀이가 무엇인지 그 놀이의 성격이 어떤 것인지도 살펴볼 필요가 있다.

교사가 부모에게

"함께 놀이해보는 다양한 기회를 만들어주세요."

집에서 놀이할 때 부모가 놀이 파트너가 되어 놀이하는 것은 잘 이루어지는데 유치원이나 친구들 사이에서 함께 놀이하는 것을 어려워하는 아이가 걱정되시나요? 부모와의 놀이와 또래와의 놀이는 다를 수 있습니다. 가정에서 부모와 함께 하는 놀이는 아이가 놀이집단에 들어가기 위해 노력할 필요가 없으니까요. 혹시 집에서 부모와 함께 놀이할 때 아이가 놀이를 제안하거나 주도하도록 하는지 부모가 먼저 제안하고 권유하는 놀이를 하게 되는지 점검해보세요. 아이가 부모와 놀이하기를 원할 때 "엄마, 나랑 같이 ○○하고 놀자."라고 이야기하면서 놀이를 제안할 때 필요한 말을 자연스럽게 해보도록 합니다. 또한 언제나 쉽게 놀이 제안이 받아들여지는 것만은 아니라는 것도 경험해야겠지요. 당장 같이 놀이할 수 없을 때, 함께 놀이하기 위해 기다려야 할 때도 있다는 것을 자연스럽게 알게 하되 당장 놀이가 거절된다고 실망할 일이 아니라 다음 기회에, 또는 잠깐의 기다림 후에 함께 놀이할 수 있다는 것을 알게 해줍니다.

또 다른 방법은 유치원 밖에서도 또래와 놀이를 해볼 수 있는 기회를 만들어보는 것입니다. 집에서 보내는 시간이 많아 부모나 성인과의 상호작용에만 익숙한 경우라면 아이는 먼저 또래에게 다가가거나 함께 놀이하는 데 어려움과 막막함을 느낄 수 있습니다. 성인과의 놀이에서는 항상 자신이 성인에게 배려와 이해를 받고 보살핌을 받는 입장이었지만 또래와의 놀이에서는 다가가기, 이해하기, 기다리기, 배려하고 양보하기 등 다양한 사회적 기술을 사용해야 하니까요. 어떤 아이는 또래 관계 속에서 일어나는 갈등이 불편해서 함께 놀이하는 것을 피하고 혼자 놀이하기를 선택하는 경우도 있습니다. 그러나 놀이 속에서 발생하는 또래 간 갈등은 자연스럽고 오히려 관계 속에서 꼭 필요한 것입니다. 아이들은 문제 상황이나 갈등에 직면하고 이를 해결하면서 성장하고 발달합니다. 놀이의 중요한 가치 중 하나는 이러한 문제해결능력을 기를 수 있는 훌륭한 기회를 제공하는 것인 만큼 또래 간에 일어나는 갈등을 피하도록 할 것이 아니라 이런 상황을 잘 활용해서 사회적 기술을 습득하는 기회로 삼아야겠지요.

내성적이고 소극적인 성격을 가진 아이라면 억지로 하기보다는 천천히 기다려주면서 여러 친구보다는 한두 명의 친구와 놀이하는 기회를 만들어줄 필요가 있습니다. 이를 통해 함께 놀이하는 즐거움을 알도록 도와줍니다. 갈등 상황이 일어났을 때에도 피하기보다는 직면하면서 갈등을 해결하고 화해하고 다시 놀이할 수 있도록 도와주는 것이 중요합니다.

일시적으로 혼자놀이를 하는 것이라면 걱정할 필요는 없습니다. 이전에 친구들과 잘 놀이하던 아이인데 특별한 문제가 없이 최근 혼자놀이를 하는 모습이 보인다면 당분간 아이가 혼자서 하는 놀이에서 느끼는 즐거움을 충분히 누릴 수 있도록 지켜봐 주어도 됩니다. 때로 방해받지 않고 자신의 세계에서 몰입하여 집중하면서 만족감을 느낄 수도 있습니다. 다만 어느 정도 시간이 흐른 뒤에는 혼자놀이만 지속하지 않고 새롭고 또 다른 환경이나 관계에서도 건강하게 상호작용할 수 있도록 도와주면 됩니다.

Q. 꼭 부모하고만 같이 놀려고 해요.

만 3세 민서 엄마의 이야기

어릴 때부터 지금까지 엄마 껌딱지예요. 놀이도 항상 제가 옆에서 같이 해주다 보니 혼자 놀이할 줄 모르고 언제나 같이 놀아달라고 쫓아 다녀요. 벌써 다섯 살이 되었는데 아이를 놓고 설거지조차 하기가 힘들어요. 블록을 쌓을 때도 인형을 갖고 놀 때도 꼭 상대역할을 해주어야 하니까 너무 힘이 듭니다. 언제까지 같이 놀아주어야 할까요?

부모가 아이와 함께 놀이하는 파트너가 되는 것은 중요하다. 그렇지만 시도 때도 없이 같이 놀이하기를 원하거나 부모에게 다른 것을 할 틈을 주지 않는 아이는 부모를 난감하게 한다. 아이의 놀이가 몇 분 만에 끝나거나 한두 가지 놀이로 만족되는 것도 아니고 하루 종일 끝도 없이 이루어질 수 있기 때문이다. 이처럼 아이가 반드시 부모와 함께 하려고 한다면 계속해서 놀이 상대가 되어주는 것은 보통 어려운 일이 아니다. 부모가 다른 일을 해야 할 때나 아이와 놀아 줄 수 없을 때 가장 쉽게 선택하게 되는 것은 스마트폰이나 TV일 것이다. 그러나 이런 경우가 반복되다 보면 아이는 스마트폰이나 TV에 의존하게 되고 지속적으로 요구할 수 있다. 놀이 상대가 없을 때에도 건강하고 안전한 놀이를 통해 즐거움과 배움을 얻을 수 있으려면 어떻게 해야 할까? 언제까지나 부모가 단순히 놀이 상대가 되어야만 한다고 생각해서 아이의 요구를 그대로 들어줄 것이 아니라, 아이의 놀이성에 대해 점검하고 혼자 놀이할 수 있는 힘을 점차 길러 주어야 한다. 영아 시기에는 부모의 놀이 안내와 모습을 보고 모방하는 것으로부터 놀이가 시작되기도 하지만 점차 성장하면서 놀이는 부모의 안내에 따라서가 아니라 스스로 선택하고 주도하는 것이 되어야 한다. 아이가 놀이의 주인공이 되어야 한다. 부모가 재미있는 놀이 아이디어가 많고, 놀이의 스토리를 능숙하게 만들어내어 아이가 놀이에 푹 빠지게 해준다면, 놀이 잘하는 부모로서 매우 훌륭해 보인다. 그러나 부모의 놀이성이 높다고 아이의 놀이성이 높아지는 것은 아니다. 점차적으로 부모의 놀이 점유율을 낮추고 아이가 스스로의 놀이에서 즐거움을 느끼도록 뒤로 물러나 주는 것이 필요하다. 부모가 함께 놀이할 수 있는 상황에서는 아이가 주도하는 방식대로 충분히 놀이 상대로서의 역할을 잘 해주되, 아이가 혼자 놀이해야 하는 상황도 의연하게 받아들이는 태도가 부모와 아이에게 모두 필요하다. 아이에게 엄마가 설거지를 하는 동안, 급한 일을 처리해야 하는 동안 혼자 놀이할 수도 있다는 것을 알려주고 그 대신 집 안에서 언제든지 엄마의 도움이 필요하면 도와주겠다는 메시지를 전달해야 한다. 아이가 혼자 놀이하는 것을 안쓰럽게만 여기거나 미안해하지 않아도 된다. 아이에게는 함께 하는 놀이, 혼자 하는 놀이, 자신이 주도하여 만들어가는 놀이가 모두 필요하다. 혼자 놀이해 보기도 하고, 스스로 놀이를 재미있게 꾸려가 보기도 하면서 아이의 놀이성은 더 커지고 또래와의 놀이에서도 주도성과 자율성, 창의성을 발휘하게 될 것이다.

교사가 부모에게

“함께 하는 놀이와 혼자 하는 놀이의 균형을 잡아주세요.”

부모님이 그동안 아이에게 놀이의 모델이 되고 재미있는 놀이 상대가 되어 주셨나 봅니다. 그런데 부모가 놀이의 상대가 되어 함께 놀이하라는 말이 언제나 어디서나 그렇게 하라는 뜻은 아닙니다. 아이와 모든 순간 함께 놀이해주지 못하는 것을 미안해하지 않으셔도 됩니다. 아이에게 놀이의 근력을 키워주는 시간을 만들어주는 것이라고 생각해도 좋을 것 같습니다. 그러나 항상 부모와 함께 놀고 부모의 주도 아래 놀이했던 아이에게 갑자기 혼자 놀이하라고 할 수는 없겠죠. 부모와 함께 놀이할 때도 부모가 맡았던 놀이 속에서의 역할과 비중을 줄여나가고 때로는 아이 옆에 있어주되 관찰만 하기도 합니다. 놀이하는 공간에 같이 있지 못하고 집안일을 해야 하는 상황일 때 아이에게 상황을 정확하게 이야기해 주세요. “엄마가 설거지를 하는 동안 민서가 잠시 혼자 놀이하고 있어야 할 것 같아. 그동안 민서는 어떤 놀이를 할 거야? 엄마가 설거지가 끝나면 어떻게 놀이했는지 이야기해줘.” 그리고 어느 정도 시간이 흐른 뒤, 놀이공간으로 돌아와 아이의 놀이가 어땠는지 물어봐주고 관심을 기울여주세요. 놀이 상대가 없이도 놀이할 수 있다는 것, 재미있는 놀이 아이디어를 갖고 놀이했다는 것을 칭찬해주세요. 점차 아이가 혼자서 보낼 수 있는 시간이 늘어날 수 있고 그 시간 동안 아이는 부모에게 의존하지 않고도 놀이할 수 있는 힘이 키워져 있을 것입니다. 혼자 놀이하는 경험과 함께 놀이하는 경험이 균형적으로 주어지도록 도와주시고 언제든 아이가 놀이의 주인이 될 수 있도록 격려해주시기 바랍니다.

Q. 조용히 정적인 놀이만 하는 아이, 괜찮을까요?

만 5세 지우 엄마의 이야기

다른 아이들은 몸을 많이 움직이는 놀이도 하고 놀이하면서 즐거움도 많이 표현하는데, 우리 아이는 책을 읽거나 조용히 앉아서 역할놀이를 하거나 그림 그리기 등에만 흥미를 보이는 것 같아요. 밖에 나가서 발산도 하고 그래야 할 것 같은데 이렇게 조용한 놀이만 하는 것이 괜찮을까요?

아이들마다 성향과 성격이 각기 다른 것처럼 아이가 보이는 놀이의 성향도 모두 다르다. 신체적이며 활동적인 놀이를 선호하고 즐기는 유아가 있는가 하면 정적인 놀이에 몰입하는 모습을 보이는 유아도 있다. 놀이의 모습이 다르다고 놀이에 소극적이거나 흥미가 적다고 단정할 수는 없다.

미국의 정신과 의사이자 놀이 행동 전문가인 스튜어트 브라운(Stuart Brown)은 사람마다 다른 놀이 유형을 지니고 있다고 하면서 이를 놀이 인격이라고 설명하였다. 농담이나 개그를 즐기고 다른 사람을 웃기는 데 재능을 가진 유형의 익살꾼, 몸을 움직이며 놀이하는 유형인 활동가, 새로운 경험이나 주제, 관점을 발견하는 것을 즐기는 탐험가, 규칙이 있는 게임과 경쟁을 즐기는 경쟁자, 계획을 즐기고 원하는 장면을 연출하거나 이벤트를 벌이는 유형의 감독, 물건이나 경험을 수집하는 것을 놀이로 즐기는 유형의 수집가, 무엇인가를 만들고 창조하고 개선하는 일에 흥미를 느끼는 예술가 혹은 창조자, 영화나

소설을 좋아하고 이야기를 만들어내고 상상하고 표현하는 유형의 스토리텔러는 모두 각 사람의 놀이 인격이자 각기 다른 놀이 유형의 종류이다. 이처럼 밖에 나가서 뛰어놀고 신체를 활발하게 움직이거나 게임을 즐기고 반응을 격하게 하지 않더라도 아이들은 저마다의 놀이 인격을 지니고 있다는 것이다(Brown, & Vaughan, 2010). 아이뿐 아니라 어른도 모두 각자의 놀이 인격을 지니고 있으며 마치 각 사람의 성격이 다른 것처럼, 좋아하는 것이 다른 것처럼 다양한 놀이의 형태로 자신만의 놀이 세계를 만들어 가고 있다. 따라서 아이가 정적인 놀이를 즐기는 것은 그 아이의 성격과 성향, 선호를 반영한 것이므로 걱정할 필요는 없다.

다만 아이가 좀 더 다양한 경험과 놀이를 해볼 수 있도록 보다 풍부한 기회를 제공하고 놀이를 확장시켜 줄 필요가 있다. 또한 아이의 놀이가 정적인 놀이와 상대적으로 동적인 놀이가 균형을 이룰 수 있도록 도와주는 것이 바람직하다. 놀이 환경이나 놀잇감의 변화를 주거나 동적인 요소가 포함된 놀이를 제안해보고 즐거움을 느낄 수 있는 기회를 제공하면서 경험을 확대해주는 시도를 해볼 수 있다.

교 사 가 부 모 에 게

"아이의 성향은 인정해 주고, 놀이의 리듬은 조절해 주세요."

아이가 너무 정적인 놀이만 하는 것 같아 걱정이 되시는군요. 아이들마다 성격과 성향이 다르기 때문에 놀이 유형도 그에 따라 나타나게 마련이지요. 지우가 좋아하는 성격의 놀이가 때로는 다른 아이들의 놀이와는 달라 보이더라도 지우의 놀이를 인정해주고 격려해주시면 좋을 것 같습니다. 그럼에도 불구하고 아이의 놀이가 너무 한쪽으로 치우치는 것은 아닐까, 경험이 축소되지는 않을까 생각되실 수 있습니다.

유아교육기관에서도 유아에게 다양하고 균형적인 경험을 제공하기 위해 하루일과를 정적인 활동과 동적인 활동으로 구분하여 고루 경험할 수 있도록 계획합니다. 신체의 리듬을 고려하여 에너지를 조절하기 위해서도 필요하지요. 물론 상황에 따라서 또는 유아의 컨디션에 따라 융통성 있게 운영하지만 가급적 정적인 놀이와 동적인 놀이가 고루 경험될 수 있도록 돕고 있습니다. 가정에서도 지나치게 정적인 놀이만 지속되지 않도록 도와주시면 좋겠죠. 하지만 억지로 하기보다는 아이와 함께 이야기를 나누면서 책을 다 읽은 후에는 동네 산책을 해보자고 제안한다든지, 좋아하는 책을 읽기 위해 도서관을 찾아가는 동안 공원에서 가벼운 놀이나 운동을 해본다든지 하는 자연스러운 방법으로 경험을 확장시켜 나가도록 하는 것이 좋습니다.

놀이를 통한 배움에 대한 이해: 놀기만 해도 괜찮을까요?

놀이의 가치와 중요성이 크게 강조되고 있지만 여전히 일반적으로는 놀기만 해서는 제대로 배울 수 없을 것이라는 인식이 우리 사회에 단단히 자리 잡고 있는 듯하다. 그럼에도 불구하고 유아는 놀이를 통해 가장 잘 배우는 유능한 존재이다. 유아의 놀이하는 능력은 타고나는 것이며 모든 인간은 태어나면서부터 놀이를 통해 세상과 소통하고 세상에 대해 배운다. 놀이하면서 세상과 소통하는 유아의 능동성과 주도성은 배움에 대한 잠재적 힘을 의미한다. 놀이하는 유아의 특성을 이해하기 위해 우리는 유아를 스스로 배울 수 있는 존재로 보고 유아기 놀이에 주목해야 한다. 또한 유아는 영아기의 경험을 바탕으로 놀이하는 힘을 더욱 키우며 다양한 놀이 경험을 통해 더욱 유능해진다. 사물, 놀잇감 등을 조작하고 활용하는 방식이 점차 풍부하고 복잡해진다. 유아는 놀이하면서 스스로의 방식으로 배운다. 다시 말해 각자의 방식대로 배우는 것이 바로 놀이이다. 놀이에는 참여하는 유아의 개별 특성이 그대로 반영되며, 여러 유아가 함께 모여 만들어내는 놀이는 매우 다채롭다. 그러나 유아들이 노는 동안 어떻게 배우는지, 언제 배우는지, 무엇을 배우는지 우리 눈에 잘 보이지 않는다는 점이 부모에게는 특히 불안을 주는 요소이다. 놀이와 배움, 그리고 놀이하는 유아의 유능함을 바라보는 관점의 변화가 선행되지 않으면 부모나 교사가 유아의 놀이를 듣고, 읽고, 해석하기 어렵다. 유아의 놀이를 들여다보고 어떻게 놀이 속에서 배우는지 이해하는 것은 놀이와 활동을 통해 배움이 일어나도록 적절한 방법으로 지원을 하는 것으로 연결된다. 유아뿐 아니라 '호모루덴스', 즉 놀이하는 인간으로서 교사와 부모 역시 어떻게 놀이에 참여하는지, 유아의 놀이 속에서 어떠한 역할을 해야 하는지 돌아보는 것은 유아의 놀이와 배움을 효과적으로 지원하는 데 중요한 영향을 미칠 것이다.

Q. 놀기만 하면서 정말 배울 수 있을까요?

만 3세 정모 엄마의 이야기

놀이가 중요하다는 이야기는 주변에서, 육아서적에서 많이 접해 잘 알고 있지만, 주변의 아이 친구 엄마들과 이야기를 하다 보면 정말 놀기만 하도록 두는 엄마는 거의 없어요. 저도 엄마들 이야기를 들을 때마다 불안하고 정말 놀게만 하다가 나중에 우리 아이만 뒤처질 것 같아서 불안해요. 놀기만 하면서 어떻게 배울 수 있다는 것인지 솔직히 와 닿지가 않아요.

많은 부모들이 학습의 기초를 만들기 위해서 놀이보다는 영유아기부터 새로운 것을 배우고 학습해야 한다고 생각한다. 특히 일찍 학습을 시작해야 다른 아이보다 더 많이, 더 잘 배울 수 있을 것이라 여기는 경우도 있다. 부모는 자녀의 두뇌발달을 위해 여러 가지 학습을 시키고자 하는데 이는 결국 뇌의 특정 영역만 자극하거나 발달시킬 뿐 다른 부분은 오히려 자극이 이루어지지 않아 뉴런과 시냅스에 손실을 주는 결과를 가져오기도 한다. 영유아기는 두뇌가 전체적으로 고루 발달해야 하는 시기이다. 중요한 것은 두뇌가 균형적이고 전체적으로 발달하는 것인데 이는 학습이나 주입식 경험으로 이루어지는 것이 아니다. 자발적인 흥미를 전제로 감각적이며 체험적인 놀이를 할 때 뇌의 자극이 두뇌의 다양한 영역에 골고루 주어지고 안정적인 발달이 이루어진다는 것이다. 가톨릭대 성모병원 김영훈 교수는 놀이의 중요성을 강조하면서 집중력의 발달을 예로 들었다. 집중력에는 수동적 집중력과 초점성 집중력이 있는데 수동적 집중력은 게임이나 TV를 볼 때처럼 빠르고 강한 자극에 집중하는 능력이고, 초점성 집중력은 스스로 관심과 흥미, 호기심을 나타낼 때 발휘되는 집중력이다.

수동적 집중력에 길들여진 뇌는 강한 자극에는 반응하나 상대적으로 느리고 약한 자극에 반응하지 않는다. 또 다른 새롭고 강력한 자극이 주어지기 전에는 작용하지 않다가 외부에서 주어지는 자극만을 쫓으면서 끌려 다니는 뇌가 되는 것이다. 그러나 초점성 집중력은 능동적 집중력으로 스스로 선택하고 자신의 의지로 놀이나 과제에 집중하는 것이다. 초점성 집중력은 사고와 계획, 판단 등의 고차원적 정신기능을 담당하는 전두엽, 특히 전전두엽에서 담당하는 것으로 외부적 자극이 강하게 주어지는 상황이 아니더라도 주의를 기울이고 유지하도록 한다. 따라서 유아기에 길러주어야 할 두뇌의 능력은 초점성 집중력이다. 이는 주입식으로 이루어지는 학습을 제공하는 것으로 얻을 수 있는 것이 아니다. 오직 자율적이며 주도적으로 이루어지는 놀이를 통해 기를 수 있는 것이다.

전두엽을 중심으로 두뇌가 전체적 · 균형적으로 활성화되기 위한 다양한 놀이를 아이가 선택하고 그 놀이에 몰입할 수 있도록 제한하지 않는 것이 중요하다. 놀이의 공간이나 놀이시간을 충분히 확보해주는 것, 놀이 속에 충분히 빠져들 수 있도록 돕는 역할이 조기교육을 위한 학습지를 선정하고 남들보다 빨리 한글을 떼는 것에 집착하는 것보다 훨씬 중요한 일이다.

교사가 부모에게

"두뇌의 힘은 놀이를 통해서 길러집니다."

놀이가 중요하다는 것은 알지만 주변 엄마들의 이야기를 들으면 흔들리는 마음이 이해됩니다. 하지만 지금 이 시기의 아이에게 중요한 것은 무엇을 하나 더 배우고 더 빨리 알게 되는 것보다 놀이하는 사이 스스로 터득하게 된 기초적 개념과 정보입니다. 그리고 더 중요한 것은 그것을 얻게 된 과정이 누군가 알려주고 주입해준 것이 아니고 즐거움 속에 있었다는 것이겠죠. 아직은 놀이를 통해 배우고 있는 아이를 믿어주고 기다려주는 것이 필요합니다. 어른이 가르쳐주는 것이 아니라 학습을 할 수 있는 기본능력을 기르는 것이죠. 학습능력에 영향을 미치는 중요한 두뇌의 발달이 전체적 · 균형적으로 이루어질 수 있도록 하는 유일한 방법은 아이가 주도적으로, 즐겁게 놀이에 집중하는 경험이 쌓이는 것입니다. 외부의 자극과 주입에 의해 반응하는 뇌가 아니라 스스로 활성화되고 의지적으로 집중하는 뇌를 길러주는 놀이의 힘을 믿어야 한다는 말입니다. TV나 게임에 반응하는 것이 반응적인 집중력, 즉 누구나 의지를 갖지 않아도 집중하게 되는 것이고 호기심과 흥미, 관심에 의해 자율적으로 시도하고 집중하는 것을 초점성 집중력이라고 합니다. 초점성 집중력을 길러주는 방법 역시 놀이에 해답이 있다고 하죠. 무조건적인 조기교육과 기초학습능력에 대한 오해로 놀이 경험을 통해 학습의 기반을 다지고 사고력과 문제해결력을 길러줄 수 있는 시기를 놓치지 않아야 할 것입니다.

Q. 놀이를 통해 무언가를 배우게 하려면 부모는 어떻게 도와주면 좋을까요?

만 4세 윤하 엄마의 이야기

놀이를 하면서 배우는 것이 효과적이라는 말을 많이 들었어요. 아이가 놀고 있을 때 새로운 것을 습득하게 도와주고 한 가지라도 개념이나 지식을 알게 해주려고 하다 보니 자꾸 제가 놀이에 개입을 많이 하게 되더라고요. 아이는 금방 흥미를 잃어버리고 다른 놀이를 찾고요. 어떻게 해야 할까요?

아이들은 놀면서 세상을 만나고 소통하며 그 안에서 직면하는 수많은 문제를 해결한다. 그 과정에서 배움이 일어나는 것이 유아의 놀이이자 삶이다(교육부, 보건복지부, 2019). 중요한 것은 유아는 결코 지식을 습득하거나 배우기 위해서 놀이를 시작하지는 않는다는 점이다. 다만 유아가 놀이를 하다 보니 자연스럽게 어떠한 지식을 깨달아 가기도 하고 새로운 것을 발견하고 배워나가기 때문에 놀이가 배움의 수단이 된다고 말할 수 있는 것이다.

놀이의 본래 특성은 목적과 목표가 없고 자발적 동기에 의해 발생되며 놀이자가 놀이의 시작과 끝을 결정한다는 것이다. 그런데 이런 놀이를 통해 배움이 일어난다는 것은 교사든 부모든 분명히 동의할 수 있지만 아이가 놀이를 하면서 언제, 어떻게, 무엇을 배우는지는 불확실해 보인다. 배움이 즉각적으로 확인되지 않고 눈에 보이지 않는다는 이 불확실성은 부모나 교사로 하여금 불안이나 조바심이 생기게 할 수 있다. 그래서인지 종종 놀이라는 이름을 붙인 많은 학습적 시도가 여기저기서 이루어지는 것을 목격하게 되기도 한다. 교육적 놀이라는 말이 있다. 이 용어는 단어 자체로 역설적으로 보이는데 이는 놀이의 본질적 특성과 목표와 교수-학습 방법이 존재하는 교육의 특성이 서로 모순되기 때문이다(Johnson et al., 2006).

그렇다고 교육적 놀이 자체를 부정적으로 볼 수는 없다. 유아에게서 발현된 자유놀이뿐 아니라 교육적 놀이 역시 다양한 장점과 가치를 지니고 있다. 유아로 하여금 흥미와 자발적 동기를 유발하고, 의미 있는 경험을 제공하며, 융통성과 창의성을 계발하고, 무엇보다도 결과보다 과정에 초점을 맞춰 유아가 즐겁게 참여할 수 있다면 배움의 수단으로 잘 활용될 수 있다. 그러나 우리가 분명히 경계해야 할 것은 놀이나 유아의 놀이를 지원하기 위한 활동, 교육적 놀이와 구분되지 않고 단순히 놀이라는 이름을 붙여 놀이로 위장된 주입식 학습을 무분별하게 아이에게 제공하는 것이다. 놀이는 아이가 원하면 언제든 시작하기도 하고 끝낼 수도 있는 것인데 이 위장된 놀이(놀이식 학습)는 무엇인가를 습득하기 위한 목적으로 정해진 시간 동안 앉아서 배워야 한다(최미향, 나비타놀이교육연구소, 2020). 이것이 아이들이 주로 하는 게임이나 놀잇감을 이용하는 수업이라고 해서 과연 놀이라고 할 수 있을까? 놀이의 방식을 가져온 학습이나 애초에 학습을 목적으로 하는 놀이는 진정한 놀이라고 볼 수 없다.

몇 해 전, EBS 다큐프라임 '놀이의 반란'에서는 몇 쌍의 부모-자녀의 놀이 모습을 관찰한 영상을 방영하였다. 이 영상에서 크게 세 가지 유형의 부모 모습이 나타났는데 첫 번째는 학습형 엄마, 두 번째는 주도형 엄마, 세 번째는 자율형 엄마였다(EBS 〈놀이의 반란〉 제작팀, 2013).

학습형 엄마는 아이가 놀이하는 동안 계속해서 무엇인가를 가르치고 알려주려고 한다. 이러한 경우에는 부모가 놀이하는 아이에게 새로운 지식과 개념을 습득시키려고 놀이에 개입하고 놀이를 주도하게 될 가능성이 높고 결국 아이가 놀이 자체에서 즐거움과 몰입을 경험하는 것을 방해한다.

주도형 엄마는 겉으로는 아이의 놀이를 인정해주고 있지만 자신의 생각에 재미있는 놀이를 이미 정해놓고 있기 때문에 아이에게 놀이방법을 제안하거나 아이의 선택을 그대로 수용하기보다는 자신의 의견을 덧붙이고 놀이를 좌지우지한다. 이러한 경우 역시 아이가 주도하는 놀이의 기회를 빼앗기게 되는 것이다.

마지막으로 자율형 엄마는 아이가 선택하고 시작하는 놀이를 관찰하며 기다려주고 한 걸음 뒤에서 반응적으로 놀이에 참여한다. 놀이에 참여하고 있지만 아이에게 온전히 주도권을 주고 문제 상황에서는 직접적으로 해결방법을 제시하기보다는 함께 고민하여 해결하거나 정서적으로 지지해주는 역할을 통해 아이가 직접 시도하고 해결할 수 있도록 기회를 열어주는 것이다.

아이가 놀이를 통해 배움과 성장을 이루어 가도록 돕기 위해 필요한 부모의 역할은 놀이를 이용하여 학습을 시키려는 것이나 부모의 생각으로 놀이를 이끌어주는 것이 아니다. 오직 아이가 선택한 놀이 속에서 기쁨과 즐거움을 느끼고, 스스로 만난 문제를 해결해보는 노력과 경험을 통해 예측하지 못한 것들을 배우고 터득해 나가도록 인내심을 갖고 기다려주는 것이다.

교사가 부모에게

"스스로 배울 수 있도록 기다려주세요."

놀이를 통해 배운다는 것은 지식이나 개념을 습득하는 것도 포함하지만 더 넓은 의미의 배움과 성장을 의미합니다. 다양한 영역의 발달적 성장과 함께 기초적 · 창의적 · 논리적 사고력을 기르는 것까지 단편적인 지식의 습득을 넘어 놀이는 경험을 확대하고 학습의 기초를 다지는 방법이 된답니다. 그런데 중요한 것은 모든 배움의 열쇠는 놀이에 대한 자율성과 주도성이 아이에게 있는가, 부모에게 있는가에 달려 있다는 것입니다. 즉, 여기서의 놀이는 부모가 계획하거나 개념을 가르치는 수단으로 제공하는 놀이가 아니라 아이가 즐기는 놀이 본연의 특성을 가진 진짜 놀이라는 것입니다.

물론 교육의 방법으로 놀이를 활용하는 것이 나쁜 것은 아닙니다. 다만 목적을 갖고 하게 되는 교육의 수단으로서의 놀이가 아니라 아이가 자발적이며 주도적으로 즐기고 있는 놀이의 순간을 많이 격려하고 지켜주어야 한다는 것입니다. 사실 놀이의 상황 속에서 아이가 배울 수 있는 수많은 개념이 부모님의 눈에 보일 것입니다. 그렇다고 그 개념을 알려주고 그 순간에 아이가 그 개념을 깨닫게 하는 데 치중하다 보면 더 이상 그 놀이는 아이에게 흥미로운 놀이가 되지 않는다는 것이죠. 아이의 놀이를 관찰하면서 아이가 주도하는 방식으로 반응하고 함께 놀이를 하는 것은 부모님이 앞에서 이끌고 직접적으로 가르쳐 주는 것보다 어떤 개념을 습득하게 하는 데는 시간이 더 걸릴지도 모릅니다. 그러나 그것이 아이가 스스로 배울 수 있는 힘을 길러주는 중요한 방법임을 기억해주세요.

Q. 아이가 주도하는 놀이가 왜 중요한가요?

만 3세 유빈 엄마의 이야기

다섯 살이 되면서 확실히 자기가 원하는 것을 요구하는 경우가 많아졌어요. 놀이도 자기가 생각한 대로 하려고 하고 말 표현도 많이 성장했어요. 놀이를 할 때 부모가 개입하려고 하지 말고 아이가 주도하도록 하라는 이야기를 많이 들었는데, 아이가 주도하는 놀이는 왜 중요한 건가요?

에릭슨(Erik Homburger Erikson)은 심리사회적 발달이론을 통해 인간의 성격은 유전적 기질과 사회적 환경이 상호작용하면서 발달해 나간다고 하였다. 에릭슨은 성격발달의 단계를 총 8단계로 나누어 설명하였는데 영유아기는 1~3단계에 해당한다. 1단계(만 0~1세)는 '신뢰감 대 불신감' 단계로 이 시기 영유아는 주 양육자와의 일관적이며 안정된 관계와 애착의 형성을 통해 이 세상이 안전하다고 여기게 되면서 신뢰감을 형성한다. 2단계(만 1~3세)는 '자율성 대 수치심' 단계로 자신의 의지와 주장을 나타내기 시작하고 자신의 행동에 대한 독립심과 자율성의 기초를 다지게 된다. 능동적인 태도가 나타날 때 적절하게 격려하고 도움을 주면 자율성이 발달하고 반대로 지나치게 제한하고 통제하면 수치심을 갖는 등 부정적 영향을 줄 수 있다. 3단계(만 3~5세)는 '주도성 대 죄의식' 단계로 유아는 이 시기에 또래와 자연스럽게 어울리면서 다양한 아이디어로 자신이 원하는 놀이를 주도적으로 만들어가고 자신감을 얻게 된다. 그러나 스스로 선택하고 결정하면서 놀이하지 못하고 자신의 주도성이 무시되거나 통제당하는 경험을 많이 한 아이는 죄책감을 갖게 된다. 이와 같은 과정을 거치면서 바람직한 방향으로 성장한 아이는 '근면성 대 열등감' 단계인 4단계(만 5~13세)에 이르러 보다 확장된 사회적 환경인 학교생활에서 열심히 노력하는 것을 통해 성취감을 맛보기 시작한다.

다시 말해 영유아기에 자율성과 주도성을 갖는 것은 이후 성장과 발달, 성취에 중요한 영향을 미친다. 그런데 영유아의 자율성과 주도성을 길러주는 데 가장 강력하게 작용하는 것이 바로 놀이라는 것이다. 유아에게 놀이가 삶 그 자체인 만큼 일상과 놀이 속에서 자연스럽게 자율성과 주도성을 경험하고 발휘하게 된다. 이때 교사나 부모가 주도하는 놀이나 활동 속에서 계획된 대로 참여해야 하는 환경이 주를 이룬다면 유아는 자신의 자발성과 주도성을 나타낼 기회를 얻지 못한다. 종종 부모가 유아의 놀이를 주도하려고 하는 모습을 볼 수 있다. 놀이는 자발적이며 놀이자가 원하는 방법과 방향으로 이루어져야 하며 누군가의 지시나 개입을 통해 확장되는 것이 아니라 자율적으로 발전되거나 축소되기도 하고, 종료되기도 하는 것이다. 그러나 이러한 아이의 놀이시간조차 부모가 시간표를 나누고 계획을 하고 종류를 정하는 경우도 있다. 이는 진정한 놀이가 아니다. 부모가 계획하고 안내하며 주도하는 놀이는 실제로 놀이가 아니라 부모의 의도와 목적이 포함된 과제나 학습일 가능성이 높다.

교사가 부모에게

"놀이의 주도성을 내어주되, 행동의 조절과 책임을 배우도록 도와주세요."

만 3세를 전후로 아이들은 눈에 띄게 자율적이며 주도적인 태도를 나타내기 시작합니다. 때로는 지나치게 자기 주장을 굽히지 않고 고집을 피우는 모습으로 보일 수도 있습니다. 그러나 이러한 유아의 주도성은 이 시기에 나타나는 자연스러운 모습입니다. 놀이에서도 마찬가지입니다. 이전에는 부모가 제공하는 놀잇감으로 놀이하고 부모가 제안하는 놀이를 하기도 했겠지만 이제 아이가 원하는 것을 적극적으로 표현하기 시작한다면 그것을 인정하고 격려하고 존중해 주어야 할 때입니다. 부모를 통해 경험했던 것들의 폭을 줄이고 아이가 놀이를 하면서 세상을 보다 폭넓게 바라보고 경험할 수 있도록 아이 뒤로 물러나 주세요. 아이가 주도하는 놀이가 아니라 부모가 여전히 앞에서 이끌고 부모의 생각대로 놀이가 이루어지길 바란다면 능동적으로 성장하기보다는 부모를 의존하는 아이가 될지도 모르니까요. 아이는 놀이를 통해 세상을 바라보기 전에 자신을 발견하고, 새로운 것에 대한 두려움이 아닌 호기심을 가지고 두드리는 용기를 갖게 되고, 문제를 만났을 때 포기하지 않고 해결하는 도전정신을 갖게 될 것입니다. 이것은 부모가 만들어주고 알려준 놀이방식에서 얻어지는 것이 아니라 아이가 직접 손 내밀어 선택한 놀이에서 얻어집니다.

다만 주도적인 아이로 성장시키는 데 반드시 필요한 부모의 역할이 한 가지 있습니다. 아이에게 해도 되는 것과 하지 말아야 할 것에 대한 경계를 알려주고 아이가 그것을 스스로 조절할 수 있는 태도를 갖도록 돕는 것입니다. 아이의 놀이 주도성을 위해 아이가 원하는 것을 무엇이나 다 허용해야 한다는 것은 아닙니다. 진정한 주도성을 갖기 위해 자신의 선택과 행동에 대한 책임을 가르치는 것이 부모로서 중요한 역할임을 기억해야 할 것입니다.

Q. 놀이는 아이의 발달에 어떤 영향을 주나요?

만 5세 은수 엄마의 이야기

놀이가 아이들에게 필요하고 중요하다는 이야기를 최근에 많이 듣게 됩니다. 어린 시절에 해보는 놀이가 중요하다는 것은 동의하는데 구체적으로 아이의 발달에는 어떻게 영향을 주는 것인지 궁금합니다.

유아는 놀이를 하면서 성장하고 발달한다. 놀이를 통해 신체조절능력이 발달하게 되고 또래와의 놀이 속에서 사회적 관계는 더욱 복잡해지고 다양한 정서를 경험하게 되며 자연스럽게 사회적 관계를 유지하고 발전시키는 데 필요한 기술도 배우게 된다. 또한 놀이하는 동안 또래와의 의사소통의 증가로 언어적 표현, 어휘력의 발달이 이루어지고, 유아가 나타내는 관심과 흥미, 호기심은 놀이로 연결되어 세상을 보다 적극적으로 탐구하고 상상하며 표현하는 능력을 자연스럽게 기르게 된다. 놀이가 발달에 영향을 미친다는 것은 미치 음식을 섭취해야 건강을 유지하고 정상적으로 성장할 수 있다는 사실처럼 당연해 보인다.

Johnson과 동료들(2006)은 놀이와 발달의 관계를 크게 세 가지 관점으로 살펴볼 수 있다고 하였다. 첫째, 놀이는 유아의 발달을 반영한다. 유아의 놀이 행동을 통해 다양한 영역의 현재 발달 상태를 확인할 수 있는 것처럼 놀이는 발달을 보여주는 거울과 같다. 둘째, 놀이는 발달을 강화한다. 놀이는 새로운 것에 대한 배움과 성장의 기회를 제공하고 발달을 강화시키는 매개가 된다. 셋째, 놀이는 발달로 귀착된다. 놀이는 발달적 변화의 도구로서의 역할을 하며 발달에 대한 단기적 및 장기적 효과를 제공하며 질적 향상을 가져오도록 한다.

결론적으로 유아기의 놀이는 인지적, 신체적, 사회적, 정서적 능력의 놀라운 발달을 이끈다(VanHoorn et al., 2014). 또한 놀이는 이러한 발달 영역에 통합적으로 영향을 미친다.

인지발달

유아는 놀이를 하면서 인지적으로 다양한 사물의 속성을 발견하고 같은 점과 다른 점을 구분하기 시작하며 이를 통해 기초적 개념을 습득해나간다(박찬옥, 조유진, 김지혜, 문가영, 최가을, 2014). 또한 무한한 상상력과 능동적이며 자발적인 탐색을 통해 다양한 생각과 표현방법을 시도하고 공유하면서 창의적 사고와 표현력을 기르기도 한다. 이러한 놀이와 표현, 상호작용의 경험은 논리적 사고력으로 연결되어 사건의 인과관계를 이해하고, 관련된 다른 상황을 유추하거나 합리적인 결론을 추론해내는 능력을 발달시키는 데도 중요한 영향을 미친다.

정서 및 사회성 발달

사회 · 정서적으로 볼 때 여전히 자기중심적 사고를 지닌 유아는 또래와의 놀이를 통해 주변에 대한 관심이 커지면서 사회적으로 긴밀한 관계를 형성하여 유지하고자 한다. 놀이는 아직 언어로 자신의 감정과 생각을 표현하기 어려운 유아로 하여금 자신의 감정을 인식하고 표현할 수 있는 쉽고 안전한 수단이 된다. 유아는 또래나 성인과의 놀이를 통해 감정을 표현하고 조절하는 방법도 배우면서 사회적 관계를 유지하기 위해 요구되는 친사회적 기술을 습득하게 된다. 또한 유아기에 형성되는 인성의 기초와 가치에 대한 인식과 실천 역시 유아의 놀이와 일상을 통해 경험되고 내면화된다(교육부, 2020).

신체발달

유아는 놀이하면서 신체를 자유롭게 움직이고 대·소근육의 발달을 도모한다. 신체 각 부분의 움직임과 표현, 기능적 연습을 놀이를 통해 경험하게 된다. 유아는 신체를 활용한 놀이를 하면서 자발적이고 창의적인 움직임을 통해 표현의 자유로움을 느끼고 욕구를 해소하기도 한다. 이러한 신체놀이는 움직임의 기능적 발달뿐 아니라 신체에 대한 자기 인식과 자율적 표현과 연계되어 대·소근육의 발달을 이끌고 기초체력 향상에도 도움을 준다. 신체를 활용한 놀이 속에서 자연스럽게 자신의 신체 움직임을 보다 구체적으로 인식하고 움직임을 조절하면서 신체의 자율적 통제능력을 길러가기 때문이다(박찬옥 외, 2014).

창의성발달

놀이를 즐기는 유아는 정해진 한 가지 놀이방법으로만 놀이하지 않는다. 이미 경험했던 놀이에 새로운 방법을 첨가하거나 수정하면서 놀이를 재구성 · 재생산해낸다. 이 과정에서 새롭고 독창적인 아이디어를 유창하게 만들어내고 또래와의 놀이를 통해 놀이방법을 더욱 정교하게 구성하기도 한다. 새롭게 생각하고 다르게 생각하고 바꾸어 생각하는 창의적 사고의 과정이 놀이 속에서 자연스럽게 이루어진다. 또한 놀이는 창의력의 기반이 되는 상상을 마음껏 펼치는 기회를 제공하여 현실의 세계와 상상 속의 세계를 자유자재로 넘나들면서 가장 안전하고 능동적인 실험과 도전을 가능하게 한다.

교사가 부모에게

"성장 발달에 통합적으로 영향을 주는 아이의 놀이"

놀이는 아이의 신체발달, 언어발달, 정서발달, 사회성발달, 창의성발달 등 다양한 발달 영역에 통합적으로 작용합니다. 아이에게 부모나 또래와 놀이할 수 있는 많은 기회를 제공하다 보면 자연스럽게 이러한 발달이 이루어지겠죠. 놀이는 신체발달에 영향을 주는데 놀이 경험을 통해 길러지는 신체적 근력뿐 아니라 사회 · 정서적 근력을 길러주는 데 놀이가 중요한 역할을 한답니다. 많이 놀아본 아이가 사회성도, 정서적 유능감도, 인지적 능력도 단단해집니다. 놀이는 정답을 맞히는 것이 아니기 때문에 오답과 실패에 대한 두려움 없이 도전할 수 있는 기회와 통로가 됩니다. 실패를 하더라도 좌절이나 외부의 비난 없이 다시 기쁜 마음으로 도전할 수 있는 것이 놀이입니다. 놀이는 실패에 대한 회복탄력성을 길러줍니다. 회복탄력성은 시련이나 역경에 직면했을 때 포기하지 않고 어려움을 극복하고 적극적으로 대처하는 능력입니다. 실패나 스트레스를 받는 상황에서도 떨어진 의욕과 의지의 불꽃을 일으킬 수 있는 힘인 회복탄력성을 길러주세요. 아이들이 실패를 경험하는 것을 오히려 부모가 두려워하는 경우가 종종 있습니다. 놀이를 통해 안전한 실패를 많이 겪어보고 극복해본 아이는 살아가면서 겪게 될 수많은 어려움 속에서 건강하게 자신을 회복하는 능력을 기르게 될 것입니다.

Q. 미래시대가 원하는 인재로 키워주는 놀이

만 4세 주찬 엄마의 이야기

4차 산업혁명 시대에 대한 이야기를 들으니 우리 아이들이 살아갈 미래는 지금과 많이 달라진다고 하는데, 미래사회에 적응할 수 있는 아이로 기르기 위해 필요한 것이 무엇인지 혼란스럽기도 하고 궁금하기도 합니다. 아이가 아직 어리지만 어떻게 준비시키고 어떤 경험을 시켜야 할지 알고 싶어요.

4차 산업혁명 시대에 필요로 하는 인재상은 무엇일까? 우리 아이들이 살아갈 미래사회는 그동안 강조되어왔던 것과는 다른 새로운 역량이 요구되는 사회로, 지식과 정보를 많이 가진 사람보다는 창의적이고 협력적으로 문제를 해결하는 능력을 지닌 사람을 필요로 한다. 다니엘 핑크(Daniel Pink, 2006)는 하이컨셉, 하이터치를 강조하며 미래사회의 핵심키워드로 놀이,

스토리, 조화, 공감, 디자인, 의미를 제시하였다. 특히 놀이를 통해 길러질 수 있는 능력인 창의력, 협력, 생산력 등이 미래사회 인재에게 필요한 조건임을 강조하고 있다. 미래사회가 원하는 인재는 더 이상 경쟁에서 이기기 위해 개인의 지식과 능력만을 쌓아가는 사람이 아니라 다른 사람과 소통하고 협력하고 공감하며 새로우면서도 실효성이 있고 공동체에 기여할 수 있는 아이디어를 생산해낼 수 있는 사람이다. 즉 협력적 · 집단적 창의력을 요구하고 있는 것이다.

이러한 미래사회가 요구하는 인재로 성장하기 위해 필요한 것이 바로 의미 있는 놀이의 경험이다. 놀이는 함께 어울리고 소통하고 제안하고 실패를 겪기도 하지만 다시 도전할 수 있는 기회를 언제든지 활용할 수 있다. 이를 통해 자연스럽게 자신감과 도전정신, 창의적 문제해결력이 길러지는 것이며 이런 능력은 결코 책이나 타인이 제공하는 지식으로 얻을 수 있는 것이 아니다.

『2020 미래교육보고서』(박영숙, 2010)에서도 미래인재상으로 경험과 리더십, 문제해결능력, 멀티플레이, 창의적 사고, 팀워크, 의사소통능력과 의사결정능력을 지닌 사람을 지목하고 있다. 특히 개인적 능력이 아닌 집단지성을 강조하고 있다는 점을 주목해야 한다. 놀이는 타인의 지시나 주도에 따라서가 아니라 자발적으로 타인과 협력하고 소통하며 창의적으로 문제를 해결할 수 있는 의미 있는 기회를 만들어준다.

많은 사람들이 들어가고 싶어 하는 세계적 기업들, 소위 '신의 직장'으로 불리는 구글, 월트디즈니, 픽사와 같은 기업의 업무 현장은 일반적인 사무실의 모습이 아니라 마치 게임룸이나 놀이터를 떠올리게 하는 자유로운 분위기라는 것은 이미 유명한 사실이 되었다(EBS 〈놀이의 반란〉 제작팀, 2013). 일과 놀이는 반대라고 생각하기 쉽지만 실제로 일과 놀이는 창의성이라는 공통된 특징을 지니고 있다. 주어진 일을 놀이처럼 바꾸면 훨씬 더 효율적으로 창의적인 결과물을 생산해낼 수 있다는 사실을 일찌감치 업무 환경에 적용한 기업들이 성공한 이유가 여기에 있다.

미래사회에 대한 수많은 예측들이 있지만, 예기치 못했던 코로나19와 같은 세계적 위기 상황과 더불어 그 변화는 훨씬 더 빠른 속도로 다가오고 있다. 그 변화에 맞추어 미래사회가 요구하는 인재를 양성하기 위한 해답을 유아의 놀이 속에서 찾고 그 안에서 유아가 가진 잠재력이 충분히 발휘될 수 있는 물리적 · 정서적 · 관계적 놀이 환경을 마련해주는 지혜가 필요한 때이다.

교사가 부모에게

"놀이는 미래 인재로 성장하게 돕는 필수 조건이에요."

앞으로 우리 아이들이 살아갈 미래사회는 지금과 많이 다른 모습일 것입니다. 그 변화의 정도와 속도가 점점 더 크게 체감되는 것 같지요? 미래사회에서는 우리가 성장했던 시대에서 요구하는 것과는 달리 지식과 정보 중심이 아니라 창의적인 사고능력과 다른 사람과 협업하는 데 필요한 인성, 예술적이며 창조적인 감성을 요구한다고 합니다. 이러한 능력은 어떻게 길러질까요? 분명한 것은 이러한 역량이 하루아침에 길러질 수 있는 것은 아니지만 어린 시절의 다양하고도 풍부한 놀이 경험이 그 기초가 될 수 있다는 것입니다. 아이에게 놀이를 위한 충분한 환경을 마련해주세요. 놀이를 하면서 부딪히게 되는 갈등과 문제 상황은 문제해결력을 길러줍니다. 이전에 했던 놀이와 다른 새롭고 재미있는 놀이를 고안하고 놀이방법을 재구성하는 것은 창의력을 길러줍니다. 친구와 함께 놀이하기 위해 소통하고 합의하고 조율하는 것은 협력적이며 배려적인 인성을 길러줍니다. 아이를 미래 인재로 길러내기 위한 답은 놀이 속에 있답니다.

놀이에 대한 동상이몽:
부모가 생각하는 놀이 vs 아이가 원하는 놀이

부모는 자녀를 제대로 이해하고 적절한 방법으로 지원해주기를 원한다. 많은 부모들은 놀이의 중요성과 가치에 대해서 이미 다양한 채널을 통해 얻은 육아정보에 의해 익히 알고 있고 동의하고 있기도 하다. 그럼에도 불구하고 놀이에 대한 유아, 교사, 부모의 관점은 완전히 동일하다고 보기는 어렵다. 어린 자녀를 양육하면서 일찌감치 대학입시를 생각하게 하는 사회적 분위기나 주변 부모들과의 비교, 미래사회에 대한 불안감은 자녀가 하루라도 더 어린 나이에 학업적 준비를 시작해야 한다는 압력으로 작용한다(Johnson et al., 2006). 또한 놀이의 가치는 인정하지만 여전히 놀이와 학습을 별개로 인식하는 경우도 있고 놀이를 통해 학습의 효과를 기대하기도 한다. 반면 유아에게 놀이는 본래 놀이가 지닌 고유의 특성대로 인식되고 경험된다. 자율적이고 자발적인 선택에 의해 이루어지고 목적이 없으며 긍정적 정서를 수반한다. 유아에게 무엇이 놀이이고, 무엇이 놀이가 아닌지는 다양한 요인에 근거한다. 어제는 친구와 레고 만들기가 즐거운 놀이였지만 오늘은 지루하고 재미없다면 더 이상 놀이가 이어지지 않는다. 엄마가 부탁한 설거지는 일이지만, 아이가 요청하여 거품을 잔뜩 만들어 그릇을 닦아보는 경험을 해본다면 즐겁고 짜릿한 놀이가 된다. 놀이가 시작되고 이루어지는 동기와 과정에 따라 부모가 생각하는 놀이와 아이가 생각하는 놀이는 서로 다를 수 있다. 이러한 놀이에 대한 다른 생각은 부모와 아이 사이의 놀이에 대한 평행선을 그릴뿐 좀처럼 교차점을 찾지 못하게 하고 이는 종종 부모-자녀 관계 속에서 갈등을 일으키고 어려움을 야기하는 원인이 되기도 한다. 부모가 아이의 놀이를 적절하게 지원하고 함께 놀이하려면 아이의 놀이 세계를 제대로 들여다보고 해석하는 능력이 필요하다.

Q. 놀이한 것을 정리하지 않고, 계속 어지르기만 해요.

만 5세 용주 엄마의 이야기

놀이한 것은 바로 정리하고 다음 놀이를 하면 좋겠는데 놀잇감을 계속 꺼내서 놀이하다 보면 어느새 방이 놀잇감으로 가득 차게 됩니다. 계속 어지르고 정리를 못하는 아이, 어떻게 해야 하죠?

아이들의 놀이는 자유롭고 제한이 없이 뻗어나간다. A놀잇감을 가지고 놀다가 문득 B놀잇감으로 놀았던 것이 떠오르면 A놀이에 B놀이를 통합할 수 있다. 이 놀이들은 서로 연결되면서 전혀 다른 놀이로 재구성되거나 창조된다. 또한 한꺼번에 여러 가지 놀잇감을 다 꺼내고 보니 한 번도 놀아보지 않았던 새로운 아이디어가 떠올라 그 중에 몇 가지를 선택하고 조합해서 만들어낸 새로운 놀이에 몰입하게 되는 경우도 있다.

한 번에 한 가지 주제의 놀잇감을 가지고 놀이해야 한다는 것은 누가 정했는가? 성인의 입장에서는 아이가 한 가지 놀이를 끝내고 놀잇감을 정리한 뒤 새로운 놀이를 꺼내는 것이 좋다고 생각할 수 있다. 놀이공간이 어질러지고 정리가 되지 않은 상태로 놀이를 하다 보면 산만하고 불편하다고 여기기 때문일 수도 있다. 그런데 중요한 것은 놀이를 하면서 아이는 계속해서 놀이의 맥락과 흐름을 만들어내고 있다는 것이다. 정리습관 형성이 우선시되어 한 가지 놀이가 끝난 뒤에는 그 놀이를 정리하고 다른 놀이를 해야 한다고 하는 규칙이 정해져 있다면, 아이가 원하는 자유로운 놀이가 충분히 이루어질 수 있을까? 지시된 규칙을 따르다 보면 분절되고 단편적인 놀이를 경험할 뿐, 창의적이며 융합적인 놀이가 끊임없이 만들어지는 데는 분명히 제한이 있을 것이다.

그렇다면 아이의 창의성 계발을 위해 정리는 하지 않아도 되는가? 유치원에서 부모 개별 면담시간에 한 학부모의 이야기가 떠오른다. 아이가 정리시간에 돌아다니기만 하고 놀잇감을 정리하지 않는 모습이 있어 유치원과 가정에서 함께 정리습관을 형성하는 데 신경써주면 좋겠다고 말씀드리자, 학부모는 최근 읽은 육아서적에서 창의적인 아이로 기르려면 정리를 시키지 않아야 한다고 했다면서 집에서는 일부러 정리를 시키지 않는다고 하셨다. 그리고 유치원에서도 마찬가지로 아이가 정리하는 데 스트레스를 받지 않도록 해달라고 부탁하셨다.

공간과 시간의 제약, 불필요한 약속과 제한을 줄이면 아이의 놀이가 더욱 자유롭고 주도적이며 창의적으로 이루어질 수 있는 것은 사실이다. 그러나 아이들은 놀이를 통해 책임감과 자기조절, 생활습관과 자기관리도 배운다. 특히 유아교육기관과 같이 여럿이 노는 공간을 공유하는 경우라면 어질러진 놀잇감이 다른 친구의 놀이공간을 침범하거나 불편을 줄 수 있다는 것을 생각하고, 필요한 약속을 지키면서 놀이하는 것의 중요성도 알 필요가 있다. 유아 · 놀이 중심 교육과정을 키워드로 한 개정 누리과정이 시행되면서 유아교육 현장에서도 교사 중심의 방식을 벗어나기 위한 노력의 일환으로 기존에 정해져 있던 불필요한 약속과 규칙에 대한 반성이 일어나고 있다. 또한 놀이공간과 시간을 보다 개방적으로 구성하고 운영함으로써 유아의 놀이를 지원하기 위한 노력도 이루어진다. 놀잇감이나 놀이영역을 분리하는 것보다 유아의 흥미와 요구에 따라 연합하거나 확장해서 놀이할 수 있도록 하고, 놀잇감을 중간중간 정리하기보다는 놀이시간이 모두 끝난 뒤에 한꺼번에 정리하도록 한다. 그렇다고 해서 정리나 기본생활습관이 불필요하다고 여겨져서는 안 된다. 유아 중심의 놀이가 충분하고도 풍부하게 이루어지도록 지원하면서도 기본생활습관과 공동체 생활에서 필요한 배려적 인성이 제대로 길러지도록 돕는 것, 이는 모두 놓쳐서는 안 되는 두 마리 토끼이다.

교사가 부모에게

"놀이와 정리! 모두 중요하지만 우선순위를 생각해보아요."

아이가 놀이하면서 놀잇감을 어질러놓고 정리를 하지 않는 것 같아 걱정이시군요. 물론 아이에게 정리를 하는 습관은 매우 중요합니다. 그리고 우리가 정리를 습관이라고 부르는 만큼 초기에 자리 잡지 않으면 습관으로 길들이기 어려운 것이기도 합니다. 놀잇감을 제자리에 정리하는 것은 자기 물건을 소중하게 여기고 관리하는 태도의 하나이기도 하지요. 그런데 정리는 언제 하는 것이 좋을까요? 엄마의 눈에는 분명히 다른 놀이로 전환되었으니 이전에 갖고 놀던 놀잇감은 정리하고 놀아야 한다고 보이지만, 아이의 입장에서는 아까 가지고 놀던 장난감이 어느 순간 새로운 놀이의 도구로 쓰일지도 모릅니다. 오히려 산만하고 정리되지 않았지만 아이가 남겨놓은 놀이의 흔적들 속에서 전혀 예상치 못한 창의력이 나타날 수도 있습니다. 정돈된 환경과 정리습관이 중요하다지만 이것이 혹시 놀이의 흐름을 끊고 더 확장적이고 독창적인 아이디어를 내는 환경을 차단시키는 것은 아닌지 생각해봐야 합니다. 정리와 놀이 중 우선순위는 어디에 있을지 판단해보는 것이죠. 다만 놀이공간의 확보가 필요하다고 생각할 때 아이 스스로 불필요한 것을 놀이 중간에 치우는 것을 제안해서 불편함을 해결할 수 있고, 놀이가 모두 끝난 후에는 반드시 스스로 정리할 수 있도록 도와주세요. 물론 한꺼번에 정리하는 것은 시간이 오래 걸리고 힘들 수 있으니 부모님이 함께 도와주시면 좋겠지요.

Q. 다양한 놀이를 하지 않고 같은 놀이만 계속 하려고 해요.

만 3세 찬희 엄마의 이야기

아이가 자동차를 좋아하는데 세 살 이후로 줄곧 다른 것에는 큰 관심을 보이지 않고 주로 자동차만 가지고 놀이합니다. 다른 아이들은 자동차를 좋아하다가도 공룡도 좋아하고 블록도 하는데 저희 아이는 계속 좋아하는 것이 바뀌지 않고 같은 놀이만 하니 걱정이 됩니다. 앞으로도 계속 자동차에만 집착하게 되는 것은 아닐지, 어떻게 해주어야 다양한 놀이를 할 수 있을지 고민입니다.

아이가 특정 물건에 유독 집착을 보이거나 같은 행동을 반복하는 것은 흔히 볼 수 있는 현상이며 자연스러운 발달의 과정에서 나타나는 것이다. 이처럼 놀이나 놀잇감에도 집착이 나타날 수 있다. 자동차, 공룡, 인형이나 캐릭터, 또는 특정 동물에 집중된 관심을 보이는 모습을 종종 보게 된다. 아이가 한 가지 놀이나 놀잇감에 집착한다는 것은 자신의 선호를 표현하고 자율적으로 선택한다는 것을 의미하기도 한다.

부모는 아이가 가급적 다양한 놀잇감을 접해보고, 다양한 놀이를 경험하고, 가능한 한 많은 친구를 사귀며 두루 어울려 놀이하기를 바란다. 그러나 그런 생각을 가진 부모 자신은 어떠할까? 많은 친구들 사이에서 즐거움을 느끼는 사람이 있는가 하면, 단짝 친구와 조용히 이야기 나누는 것을 더 좋아하는 사람도 있다. 성인도 자신이 좋아하는 책이나 영화를 반복적으로 보기도 하고 애착이 있는 장소를 반복적으로 찾기도 한다. 그것을 이상하게 여길 필요가 없는 것처럼 아이의 놀이도 마찬가지이다. 물론 아이들은 다양한 경험을 통해 새로운 개념과 지식을 형성하고 점점 더 넓은 세상을 만나게 된다. 그러나 아이는 '놀이를 통해 다양한 것을 경험해야지, 놀이하면서 많은 것을 배워야지' 하면서 놀이하지는 않는다. 놀이가 원래 목적이 없는 것처럼, 무엇을 위해 놀이하는 것이 아니라 자신이 좋아하는 것을 선택하고 즐거움을 얻고자 놀이한다. 놀이는 단계적으로 진행되기도 하고 확장되기도 하지만 아이들은 같은 놀이를 반복하면서 즐거움을 얻기도 한다. 부모의 눈에는 그것이 무의미하게 보이는 것 같지만 아이 입장에서는 반복하는 이유가 있을 것이다. 반복되는 놀이를 걱정하거나 억지로 다른 놀이를 해보게 하는 것보다 그 놀이가 아이에게 즐거움을 주는 포인트가 무엇인가를 살펴보는 것이 우선되어야 한다.

아이가 선호하고 반복하는 놀이에서 즐거움의 요소를 발견했다면 그것을 이용하여 놀이를 확장시켜 주도록 시도해볼 수 있다. 아이가 원하는 놀이를 계속 하면서도 부모의 상호작용이나 놀이방법이 새로운 자극이나 모델이 되어 조금 더 놀이가 확장되거나 변화할 수 있다. 단, 아이가 부모의 놀이참여나 상호작용에 대해 지속적으로 거부하거나 다양한 외부적 자극에도 반응을 보이지 않고 똑같은 놀이에 지나치게 집착하는 경우에는 전문가와의 상담이 필요할 수도 있다.

교 사 가 부 모 에 게

"반복하는 놀이의 즐거움을 인정해주되 천천히 놀이를 확장시켜 주세요."

아이들이 선호하는 놀잇감이나 놀이를 반복하는 것은 매우 자연스러운 모습입니다. 크게 걱정하기보다는 기다려주되 아이의 놀이를 좀 더 자세히 들여다볼 필요가 있습니다. 자동차를 좋아하기 때문에 자동차를 갖고 놀이하는 일이 반복된다 하더라도 아이가 주로 선택하는 놀잇감이 자동차일 뿐 자동차로 할 수 있는 놀이가 다양하게 이루어진다면 그 나름대로 의미 있는 놀이 경험을 하고 있는 것입니다. 그리고 만약 아이의 놀이가 다른 방향으로 확장되기 바란다면 함께 놀이하면서 "자동차에 누구를 태워보면 좋을까?" 하고 동물이나 공룡, 인형을 태우는 놀이를 하거나 차에 태우고 싶은 대상과 그 이유에 대해 이야기를 나눠볼 수도 있습니다. 자동차를 세우는 주차장을 함께 만들거나 여러 가지 재료로 자동차 길을 만들어보기도 하고 자동차처럼 타고 이동할 수 있는 다른 교통수단을 가지고 와서 "나도 너처럼 빠르게 움직이는 친구야. 내 이름은 기차야."라고 이야기하며 또 다른 관심이 확장되는지를 확인해볼 수도 있습니다. 그러나 이 모든 과정이 부모님의 조급함이나 불안함이 작용한 나머지 간섭이나 개입이 되지 않도록 유의해야겠죠. 부모의 개입이나 주도가 지나치면 아이는 함께 하는 놀이를 불편해하고 오히려 거부감을 가질 수도 있습니다. 아이의 놀이와 좋아하는 놀잇감을 인정해주고 천천히 아이의 선택과 경험이 폭넓어질 수 있도록 기다려주고 격려해주세요.

Q. 아이와 함께 놀이하기 좋은 놀잇감은 무엇일까요?

만 3세 정호 엄마의 이야기

마트에 가면 아이가 원하는 놀잇감을 사주곤 하는데 자동차나 캐릭터 인형 등 대부분 비슷한 형태의 장난감이에요. 그리고 문제는 막상 집에 와서 잘 가지고 놀아야 하는데 흥미를 보이는 기간이 너무 짧아요. 그래도 계속 아이가 원하는 장난감을 사줘야 할까요? 아니면 아이에게 좋은 놀잇감이 따로 있을까요?

신학기, 유치원에서 친구에게 공격적인 행동을 자주 하고 친구의 놀잇감을 무너뜨리거나 놀이를 방해하는 행동을 보이는 유아의 부모 개별 면담시간이었다. 교사가 아버지에게 평소 아이와 어떻게 놀아주시는지 묻자, 아버지의 답변은 이러했다. "사업으로 바빠서 잘 놀아주지는 못합니다. 그 대신 놀잇감은 굉장히 많이 사줍니다. 저희 집에는 시중에 나온 변신로봇 시리즈 중 없는 것이 없을 정도예요." 놀아주는 방법을 묻는 질문에 대한 답이 아니라 어떤 놀잇감을 얼마나 많이 사주는지 자랑스럽게 이야기하고 계셔서 "그러면 그 장난감으로 아이는 어떻게 놀이하나요?"라고 다시 물었다. "5분짜리, 10분짜리죠, 뭐. 처음에는 어려워하더니 이젠 뚝딱 잘도 만듭니다. 그렇지만 한 번 조립해보고 변신시켜보고는 휙 던져 버리더라고요. 그러니 마트에 갈 때마다 다른 걸 또 계속 사달라고 하고요."

요즘 완구코너에 가보면 블록이나 역할놀이 장난감보다는

TV에서 방영되는 애니메이션에 나오는 값비싼 변신로봇이나 변신자동차 장난감 시리즈로 가득 차 있는 것을 볼 수 있다. 변신로봇은 장난감 설명서를 보고 조립해야 하고 정확한 순서와 방법으로 조작하지 않으면 변신이 되지 않는다. 아이들은 이러한 장난감에 열광하고 갖고 싶어 하지만 정작 몇 번 놀이해 보고는 다시 꺼내지 않는 찬밥신세가 되거나 장식품이 되고 만다. 그런 것치고 가격은 얼마나 비싼지, 찬밥치고는 너무 비싼 찬밥들이 집집마다 있는 듯하다.

아이가 요구하고 좋아한다고 모두 좋은 놀잇감이 될까? 놀잇감을 선택하고 그것으로 놀이하는 자유가 아이에게 있지만 어떤 놀잇감을 제공할지는 교사나 부모의 분별력과 지혜가 필요하다. 유아교육기관에서는 유아의 발달에 적합한 다양한 종류와 다양한 형태의 놀잇감을 제공하고 있다. 그런데 어느 날, 한 유치원의 5세반 학급에서 모든 가구(책상과 의자, 교구장 등)와 놀잇감을 모두 치워버리고 텅 빈 교실에서 아이들을 맞이하였다. 이 낯선 상황에 아이들은 당황했지만 이내 몸으로 놀이를 시작하며 하루를 즐겁게 보냈다. 그러나 하루의 이벤트가 아니라 한 달여 동안이나 장난감이 사라진 교실에서 아이들은 어떻게 놀이했을까? 교실에서 잘 하지 못했던 몸으로 할 수 있는 놀이가 많아진 것도 사실이지만 아이들은 유치원의 곳곳에서 재활용품을 찾아오기도 하고 바깥놀이터에서 나뭇가지나 솔방울과 같은 자연물을 모아 와서 놀이하기 시작했다. 신문지나 박스로도 놀이하고, 심지어 옷에서 떨어진 단추도 놀잇감으로 사용했다. 나뭇잎과 꽃잎을 빻아 그림도 그리고 버려진 타이어는 10가지도 넘는 놀이 주제에 사용될 정도로 인기 있는 놀잇감이 되기도 했다. '이가 없으면 잇몸'이라는 말처럼 결핍과 부족의 상황에서 아이들은 더욱 창의력을 발휘하고 신나게 도전하고 상상하며 문제를 해결해나가는 모습을 볼 수 있었다. 그러는 사이 아이의 창의력은 물론 자신감과 자존감도 몰라보게 성장해 있었다.

놀이방법이 정해져 있고 변형이 불가능한 놀잇감에 익숙한 아이는 자신만의 놀이를 만들어 내기 어려워한다. 가능한 한 놀잇감의 용도는 무궁무진하게 바꿔서 사용될 수 있는 것이 좋다. 또한 놀잇감은 멀리 있고 낯선 것이 아니라, 친숙하고 평범한 일상과 생활 속에서 자주 사용해본 사물이나 용품이 될 수도 있다. 놀이가 곧 유아의 삶인 만큼 놀이의 주제도 삶과 동떨어진 것이 아니라 유아의 경험과 생활을 반영하고 있음을 고려할 때, 놀잇감도 마찬가지로 유아의 삶을 재현하고 익숙한 사물을 통해 상상의 세계를 넘나들 수 있는 기회를 제공할 수 있는 것이 바람직하다.

교사가 부모에게

“변신로봇보다는 마음대로 변형될 수 있는 단순한 재료가 놀이를 더 다양하게 해요.”

아이가 주로 설명서를 보고 정해진 순서와 방법에 따라 변신시키는 로봇을 갖고 놀이하나요? 단순한 형태지만 자신이 원하는 대로 만들고 구성할 수 있는 블록을 갖고 놀이하나요? 아이들에게 어떤 놀잇감이 좋다는 것은 정해져 있지 않지만 부모가 놀이 환경을 조성해줄 때는 놀잇감의 형태나 종류를 분별력 있게 제공하는 것이 좋습니다. 변신 장난감보다는 언제든지 다른 결과물을 만들어낼 수 있는 쌓기블록이나 자석 장난감과 같은 비구조적인 놀잇감, 역할놀이나 상상놀이가 가능하고 상호작용이 활발하게 일어날 수 있는 놀잇감으로 다양한 놀이를 하는 게 더 좋겠죠. 많은 종류의 놀잇감, 많은 수의 놀잇감이 있다고 놀이가 잘 이루어지는 것은 아닙니다. 놀잇감이라고 이름 붙은 것이 아니라도 아이에게 놀이의 도구가 될 수 있다는 경험이 중요합니다. 기어다니는 아이가 싱크대 수납장을 열고 그릇을 모두 꺼내 놀이하는 것을 본 적이 있으시죠? 아이는 놀이 본능을 갖고 있습니다. 이 놀이 본능을 잘 살려주면 놀잇감이 없는 상황에서도 놀잇감을 대체해서 사용하는 문제해결력을 발휘하고 오히려 더 창의적인 아이디어를 내서 놀이를 만들고 즐길 수도 있습니다. 안전을 위협하지 않는다면 무엇이든 놀잇감이 될 수 있다는 것, 값비싼 놀잇감이 아니라 생활주변에서 쉽게 구할 수 있는 다양한 일상용품도 놀잇감이 될 수 있다는 것 놀잇감의 재발견이 필요합니다. 아이와 집에 있는 여러 가지 일상용품을 다시 살펴보고 놀잇감 삼아 새로운 놀이를 만들어보면 어떨까요? 평범했던 주변의 사물이나 일상용품이 새롭게 보이는 마법이 일어날 것입니다.

Q. 놀이할 때 아이와 어떤 이야기를 나누는 것이 좋을까요?

만 3세 지안 엄마의 이야기

아이가 엄마랑 함께 놀기를 좋아하고 저도 아이와 가급적 많이 놀아주려고 합니다. 그런데 종종 아이와 놀이하면서 침묵이 흐르기도 하고 아이가 하는 말에 대답만 해주는 저의 모습을 보게 됩니다. 놀이할 때 어떤 이야기를 나누면 좋을까요?

놀이 시에 이루어지는 상호작용은 그 어떤 놀이 환경보다 중요하다. 놀이하면서 아이와 나누는 대화는 놀이의 방향과 내용, 질을 결정하기도 한다. 아이가 몰입해서 하는 혼자놀이도 좋지만 놀이 상대와 함께 놀이할 때 더욱 놀이가 풍성해지고 확장되는 것도 놀이할 때 이루어지는 상호작용이 큰 영향을 미친다고 볼 수 있다. 놀이 속 상호작용은 유아의 성장과 배움을 지원한다. 그렇다면 아이의 놀이를 더 의미 있게 만들어주는 상호작용은 언제, 어떻게 이루어져야 할까? 먼저, 바람직한 상호작용이 이루어지려면 아무 때나 부모가 불쑥 개입을 하거나 너무 많은 말을 하거나 제안하는 것은 지양해야 한다. 놀이의 맥락보다 부모가 가르치고 싶은 것에 대해 주도적으로 이야기를 한다면 아이의 생각이나 놀이의 흐름을 방해하고 아이가 주도하는 놀이가 중단되는 결과를 낳을 수도 있다. 따라서 놀이 속의 상호작용에서는 가장 먼저 아이의 놀이를 관찰하고 이야기에 귀를 기울이는 것이 중요하다. 부모가 먼저 이야기를 꺼내는 것을 유보하고, 아이가 하는 말에 적절한 반응을 이어가면서 자연스러운 대화가 이루어지도록 한다. 또는 단편적으로 이루어지고 놀이가 지속되고 확장될 수 있는 물꼬를 틀 필요가 있을 때, 부모가 적절한 질문이나 제안을 함으로써 놀이를 이어갈 수 있다. 예를 들어, 음식점 놀이를 하고 있는 아이에게 놀이 상대가 되어 손님을 맡게 된 엄마가 "메뉴판 좀 주시겠어요?"라고 말했을 때 아이는 새롭게 메뉴판으로 사용할 물건을 찾을지도 모른다. 또는 "남은 음식은 포장해 주시겠어요?"라고 말했을 때 아이가 어떻게 대응하는지도 살펴보고, 적절한 방법을 제안하거나 함께 의논하면서 놀이를 이어나갈 수 있다. 놀이하면서 나누게 되는 이야기 속에는 아이가 놀이를 펼쳐가는 과정이 담겨 있다. 놀이를 하면서 만나게 되는 문제 상황의 지점은 어디인지 발견할 수 있고, 그 문제를 풀기 위해 고민하는 과정이 담겨 있다. 중요한 것은 아이에게 충분히 생각할 수 있는 기회를 주고, 아이가 놀이의 방향을 잡고 운전해 갈 수 있도록 운전대를 빼앗지 않아야 한다는 점이다. 시간이 오래 걸리거나 그날의 놀이 속에서 문제를 명쾌하게 해결하지 못했다 하더라도 상관없다. 부모가 놀이 상대로서 자신의 놀이 속에 함께 있다는 것이 아이가 다시 도전하는 데 큰 힘이 될 것이기 때문이다. 수박 겉핥기와 같은 표면적 대화가 아니라 놀이 주제 속에 함께 들어가 아이가 만들어낸 놀이의 맥락 속에서 나누는 대화로 인해 아이는 더 깊이 놀이에 몰입하게 된다.

교 사 가 부 모 에 게

"부모와의 놀이 대화는 아이의 놀이를 풍성하게 만들어줍니다."

아이와 놀이 상대가 되어 함께 놀이하면서 부모가 아이의 이야기를 들어주고 반응하는 상호작용의 과정은 놀이를 더 의미 있고 가치롭게 만들어줍니다. 어떤 방법으로 놀이 속에서 상호작용할 수 있을까요?

첫째, 놀이의 주제 속에서 역할에 어울리는 적절한 말로 이야기해주세요. 아이가 놀이를 하면서 어떤 이야기를 하고 있는지 어떤 어휘를 사용하는지 경청하면서 같거나 비슷한 결로 이야기를 이어나가는 것이죠. 아이가 정해준 역할이 있다면 그 역할에 어울리는 말이 있을 것이고 맥락과 흐름에 맞는 말로 반응해줍니다.

둘째, 아이가 재미있어 하는 것에 대해 함께 웃고 즐겨주세요. 때로는 아이가 어떤 포인트에서 깔깔거리며 웃는 것인지 잘 이해되지 않을 때도 있습니다. 의외로 아이들은 단순한 것에서 즐거움을 느끼고 즐거웠던 것을 반복하려고 합니다. 아이와 놀이할 때는 논리적인 말보다 함께 단순해지고 함께 웃는 것이 더 중요합니다.

셋째, 아이의 놀이 모습을 묘사하고 칭찬해주세요. "아~ 지금 기찻길을 더 연결하고 있구나? 길이 더 길어지니까 기차가 오래 달릴 수 있겠어. 더 재미있겠는데?" 어떤 말을 해야 할지 잘 모르겠다면 놀이 상황과 아이의 놀이 행동을 그대로 읽어주고 표현해주는 것만으로도 아이의 놀이가 더 의욕적으로 이루어지도록 돕습니다.

넷째, 간단한 질문과 제안을 통해 놀이를 이어가도록 도와주세요. "기차가 다른 길로 가고 싶을 때는 어떻게 하면 좋겠어?", "우리 이쪽에 갈래. 길을 만들어주면 어때? 기차가 이쪽 방향으로도 갈 수 있도록." 아이의 놀이가 너무 한쪽 방향으로만 가고 있을 때 적절한 질문과 제안이 생각을 환기시키고 놀이를 확장시키는 데 중요한 역할을 할 수 있습니다.

다섯째, 놀이 중에 일어난 문제 상황이나 실수도 즐겁게 해결해 보도록 격려해주세요. "앗! 도미노가 벌써 쓰러졌네? 하하하! 우리 다시 해 보자." 놀이를 하다 보면, 완성되기도 전에 도미노가 쓰러져버리고, 높이 쌓았던 블록이 와르르 무너지는 상황도 일어나죠. 생각이 필요한 지점에 도착하기도 합니다. 놀이 중에 일어난 실수는 함께 웃고 가볍게 넘길 수 있도록 해주시고, 함께 하기 때문에 다시 시작하는 것, 조금 어려운 것도 시도해 볼 수 있는 것이라는 생각을 가질 수 있도록 도와주세요. 놀이를 통해 경험하는 실수나 실패는 그것을 극복하고 도전하는 일에 주저하지 않는 태도를 길러줄 거예요.

닫는 글

놀이의 중요성은 유아교육기관과 교사가 인식하고 지원하는 것으로 끝나지 않는다. 유아의 성장과 발달을 이끄는 놀이중심 교육과정 운영에서 부모와의 파트너십이 제대로 발휘될 때 놀이는 살아나고 배움은 보다 풍요롭게 이루어진다. 다시 말해, 교사와 부모가 함께 협력하는 관계가 되어 놀이를 바라보고 지원하는 것은 유아가 유아답게 놀이를 펼쳐나갈 수 있는 마당을 마련해주는 것이며, 유아의 놀이에 날개를 달아주는 것이다.

때로는 놀이를 바라보는 다른 관점으로 인해 부모와 소통하기 힘들 때도 있고, 때로는 서로가 놀이에 대한 확신과 신념이

명확하지 않아서 다른 목소리를 낼 때도 있다. 또한 정말 어떻게 하는 것이 유아의 놀이를 잘 지원해 줄 수 있는 것인지 잘 몰라서 생기는 어려움도 있을 것이다. 그런 의미에서 '부모가 궁금해하는 놀이 이야기'는 교사가 부모에게 들려주는 놀이에 대한 조언이나 부모의 질문에 대한 답변이 될 수도 있겠지만, 한편 교사에게도 유아의 놀이를 잘 지원해주기 위해 교사 스스로 세워가야 할 놀이에 대한 가치관과 신념을 보다 단단히 해 줄 수 있는 이야기, 교사 역시 고민하고 있는 지점에서 놀이를 되돌아볼 수 있는 이야기가 되기를 바란다.

생각해 봅시다

1. 부모-자녀 관계에서 놀이를 방해하는 가장 큰 요인은 무엇일까? 바람직한 부모-자녀 사이의 놀이를 방해하는 요소를 최소화하고 부모-자녀 간 놀이와 상호작용을 격려할 수 있는 방안은 무엇이 있을까?

2. 놀이 중심 교육과정이 충실히 운영되고 있는 유치원에서 학기 초 면담이 이루어지고 있다. 부모와의 면담에서 놀이의 가치와 중요성을 부모에게 어떻게 설명할 수 있을지 구체적으로 생각해보자.(놀이와 인지발달, 놀이와 언어발달, 놀이와 사회성발달, 놀이와 정서발달 등의 관계를 통합적으로 고려해보자.)

한 번 더 읽어볼 만한 책

1. 최미향, 나비타놀이교육연구소 (2020). **놀이의 쓸모**. 경기: 나비타월드.

2. 스튜어트 브라운, 크리스토퍼 본 (2010). **플레이, 즐거움의 발견: 우울한 현대인이 되찾아야 할 행복의 조건**. (윤미나 역). 서울: 흐름출판.

3. EBS 〈놀이의 반란〉 제작팀 (2013). **놀이의 반란**. 서울: 지식너머.

참고문헌

교육부 (2020). **인성교육을 위한 교육과정 실행 자료**. 세종: 교육부.

교육부, 보건복지부 (2019). **2019 개정 누리과정 놀이이해자료.** 세종: 교육부.

______________ (2019). **2019 개정 누리과정 놀이실행자료**. 세종: 교육부.

박영숙 (2010). **2020 미래교육보고서.** 서울: 경향미디어.

박찬옥, 조유진, 김지혜, 문가영, 최가을 (2014). **유아교사의 수업전문성 향상을 위한 만 3, 4, 5세 연령별 교육의 실제(교사연수 자료).** 서울: 중앙대학교 사범대학 부속유치원.

신경화, 하연희 (2019). 영유아 놀이 중심 부모교육 프로그램 모형 구성. **학습자중심교과교육연구.** 19(13), 233–250.

유혜령 (2020). 놀이와 배움의 관계 탐색. **한국유아교육학회 정기학술대회논문집, 2020**, 31–48.

임경심 (2018). **예비유아교사의 부모 상담 역량 강화 프로그램 개발 및 효과: 부모교육 교과를 중심으로.** 전남대학교 대학원 박사학위논문.

임수진, 김윤희, 박형신, 이승하, 장경은, 탁정화 (2019). **놀이하는 유아 호모루덴스를 향하여**. 경기: 양서원.

최미향, 나비타놀이교육연구소 (2020). **놀이의 쓸모**. 경기: 나비타월드.

Brown, S., & Vaughan, C. (2010). **플레이, 즐거움의 발견**. [*Play: How It Shapes the Brain, Opens the Imagination, and Invigorates the Soul*]. (윤미나 역). 서울: 흐름출판.

EBS 〈놀이의 반란〉 제작팀 (2013). **놀이의 반란**. 서울: 지식너머.

Johnson, J. E., Christie, J. F., & Wardle, F. (2006). **놀이, 발달, 유아교육.** [*Play, Development, and Early Education*(2nd ed.)]. (이진희, 손원경, 안효진, 유역옥 공역) 서울: 아카데미프레스. (원저 1999 출간)

Pink, D. (2008). **새로운 미래가 온다**. [*A whole new mind: Why right-brainers will rule the future*]. (김명철 역). 서울: 한국경제신문.

VanHoorn, J., Nourot, P. M., Scales, B., & Alward, K. R. (2018). **놀이중심 교과과정.** [*Play at the Center of the Curriculum*(6th ed.)]. (순진이, 정현심 역). 서울: 시그마 프레스.

맺는 말

"놀이가 중요하다는 것, 놀이의 가치에 대해서는 잘 알아요."
"우리 아이가 놀면서 한글이나 수학도 배울 수 있을까요?"
"우리 아이는 수학놀이와 영어놀이를 좋아해요. 과학놀이도 좋아하면 좋겠어요."
"놀 수 있는 시간을 많이 주는 편이에요. 하지만 학습 시간도 정해놓고 있지요."
"아이가 유치원에 가면 하루 종일 놀고 왔다고 하네요. 언제 무엇을 배우는 걸까요?"
"아이와 함께 놀이하면서도 아이에게 자꾸 무언가를 알려주고 싶은 마음이 들어요. 진정한 놀이가 아닌 것을 알지만 저도 모르게 그러고 있네요."

놀이의 중요성과 가치에 대한 인식의 변화는 사회 전반에 걸쳐 이루어지고 있으며, 유아교사뿐 아니라 많은 부모가 놀이의 가치를 인식하고 있다. 그러나 놀이에 대한 관점은 유아, 교사, 부모에게 있어 여전히 동일한 의미는 아닌 듯하다. 놀이가 가진 고유의 가치와 유아의 성장과 발달에 미치는 놀이의 긍정적인 효과에 대해서는 부모 역시 동의하는 한편, 자녀가 좀 더 어린 나이에 학업적 준비를 시작해야 하지 않을까 하는 생각이 여전히 부모들을 압도한다. 또한 주변 부모들과의 비교, 미래사회에 대한 불확실성은 학습의 시작에 대한 불안과 압박을 더욱 확대시킨다. 분명히 놀이가 가진 가치는 인정하고 있지만 여전히 놀이를 학습과는 별개로 인식하거나 놀이를 통해 부모가 원하는 학습의 효과를 기대하는 경우가 많기 때문일지도 모른다.

교육의 패러다임이 학습자중심교육으로 전환되면서 교사의 역할이 변화되었고, 이에 적응하는 것이 중요한 것과 마찬가지로 미래사회가 요구하는 인재를 길러내기 위해 변화된 부모의 역할을 바로 알고 준비해야 할 필요성이 제기된다. 이와 관련하여 교육과정 운영에서도 부모도 교사와 마찬가지로 유아의 놀이와 배움, 성장을 지원하는 적극적 주체로서 기능해야 함을 강조하고 있다. 이를 위해 교사나 유아교육기관은 부모와의 긍정적인 의사소통을 통해 놀이의 진정한 가치를 공유하고, 부모가 놀이 중심 교육과정 운영의 주체가 될 수 있도록 열린 마음으로 수용해야 한다. 이는 교사나 유아교육기관이 수행해야 할 결코 가볍지만은 않은 과제이자 책임이기도 하다.

유아교육기관에서의 놀이, 또래와의 상호작용이 유아의 성장과 발달에서 매우 중요한 역할을 담당하지만 이보다 앞서 형성되며 지속되는 부모와의 관계에서 이루어지는 놀이의 경험이 유아에게 미치는 영향은 더욱 크다고 볼 수 있다. 따라서 유아가 놀이의 중심에 있는 만큼 부모를 유아의 놀이의 중심에 세워가는 과정이 필요하다. 놀이에 대한 일반적이면서도 중요한 가치와 효과에 대해 부모와 공유하고 소통하면서 다양한 지원을 해야 한다. 또한 일반적인 놀이에 대한 정보뿐만 아니라 구체적인 놀이의 방법과 사례를 제공하는 것도 중요하다(Johnson et al., 2006). 따라서 본 서에서는 놀이 중심 교육과정에서 요구하는 부모의 역할에 대해 살펴보고, 유아교육기관과 협력하여 부모가 교육과정 운영의 한 주체로서 참여하면서 유아의 놀이를 이해하고 지원하기 위한 방안을 구체적으로 살펴보았다. 또한 부모들이 궁금해할 수 있는 놀이에 대한 질문과 답변을 통해 부모-자녀 간 놀이와 상호작용을 돕고자 하였다.

세상에 한 아이가 태어나는 순간, 아빠와 엄마라는 존재가 함께 태어난다. 아이가 부모를 통해 세상을 알아가듯, 부모도 아이를 만난 후의 세상을 새로 만나게 된다. 부모라는 울타리 안에서 안전하고 자유롭게 놀이를 시작하는 아이가 스스로 그 놀이 속에서 유능함을 발휘하며 성장하는 사이, 부모도 부모로서 성장해간다. 그리고 아이가 유아교육기관에서 새로운 경험을 쌓아가고 새로운 친구를 사귀는 동안, 부모도 새로운 관계를 형성하고 아이를 지원할 수 있는 힘을 길러간다. 유아교사는 이렇게 놀며 생각하며 배우는 아이를 지원하는 동시에 부모를 지원하고 격려하며 함께 손을 잡고 걸어가야 할 사람이다. 따라서 유아를 이해하고 수용하는 것만큼이나 부모의 관점과 입장을 이해하고 수용하며 또 생각을 주고받는 일에 노력을 기울여야 할 것이다.

교사와 부모가 아이가 가진 유능함과 가능성을 믿어주고 같은 눈으로 바라봐 줄 때, 아이는 자유로운 놀이 속에서 세상을 알아가는 지식을 배우며, 세상을 살아가는 데 필요한 가치를 알아가고, 세상을 바라보는 풍부한 감성을 지니게 될 것이다. 스스로 놀이하고 배우며 관계를 맺어가고 수많은 이야기를 만들어가는 아이들을 위해 부모와 어떻게 협력적 관계를 형성하고 어떻게 지원해야 할지 고민하는 교사들에게 조금이나마 이 책이 도움이 되기를 기대한다.

참고문헌

Johnson, J. E., Christie, J. F., & Wardle, F. (2006). **놀이, 발달, 유아교육**. [*Play, Development, and Early Education*(2nd ed.)]. (이진희, 손원경, 안효진, 유역옥 공역). 서울: 아카데미프레스. (원저 1999 출간)

찾아보기

| 인명 |

| 내용 |

ㄱ

ㄴ

ㄷ

ㅁ

ㅂ

ㅅ

ㅇ

ㅈ

저자 약력

임 은 미

이화여자대학교 유아교육과에서 학사학위를, 동대학 일반대학원에서 석사학위를 받은 후 미국 Indiana University에서 유아교육(Early Childhood Education) 전공, 교육공학(Instructional Systems Technology) 부전공으로 박사학위(Ph.D.)를 취득하면서 미국과 스위스에서 연구하였다. 현재 2021년 교육과정심의회(유치원위원회)의 심의위원으로 활동 중이며, 영국 교육부 교육과정 심의위원을 역임하였고, 서울특별시 교육연구정보원과 서울특별시교육청 유아교육진흥원의 유치원 평가위원으로 활동하였다. 교육방송 eduTV "공감"에 출연하여 '자녀와의 소통, 이대로 괜찮은가'라는 주제로 강연하였으며, 최근의 관심 연구분야는 바람직한 부모 · 자녀 관계, 예비교사 대상 유아교과교육, 우연적 발견 세렌디피티(Serendipity), 유아교육에서 테크놀로지의 통합적 활용(Technology Integration)이다. 현재 성결대학교 사범대학 유아교육과 조교수로 재직 중이다.

배 지 현

성결대학교 유아교육과 졸업 후 한양대학교 일반대학원에서 유아교육학 석사, 동 대학원에서 교육학 박사를 취득하였다. 한국연구재단의 지원으로 유아세계시민교육 관련 연구를 수행하였고, 2020년 교육부 주관 '인성교육을 위한 교육과정 실행자료' 개발의 연구책임을 맡아 수행하였다. 관심 연구분야는 유아교육 현장연구, 부모연구, 인성교육, 유아세계시민교육, 에듀테크 등이다. 한국유아교육학회와 열린유아교육학회 편집이사, 한국다문화교육학회와 한국보육학회 이사를 역임하고 있으며 현재 성결대학교 사범대학 유아교육과 조교수로 재직 중이다.

조 유 진

중앙대학교와 동 대학원에서 유아교육 전공으로 학사와 석사 및 박사 학위를 받았다. '실행기능'과 '사회 · 정서 유능감'과 관련된 연구에 꾸준한 관심을 갖고 있으며, 유아중심의 교수법 관련 연구를 수행하였다. 중앙대학교 사범대학 부속유치원에서 교사와 원감으로 재직하면서 유아교육 현장에 대한 실천적 지식을 쌓아왔으며, 현장지원과 교사교육에 대한 관심을 기울이고 있다. 한국유아교육학회, 한국영유아교원학회 이사를 역임하고 있으며 서울특별시교육청 컨설팅 장학위원과 유치원 현장평가위원으로 활동하였다. 현재는 성결대학교 사범대학 유아교육과 조교수로 재직 중이다.

놀며 배우는 유아, 함께 놀며 행복한 부모

1판 1쇄 인쇄 2021년 8월 20일
1판 1쇄 발행 2021년 8월 30일

지 은 이 | 임은미 배지현 조유진
기 획 | 한국유아교육학회
발 행 인 | 박철용
발 행 처 | 양서원
주 소 | 경기도 파주시 직지길 522 파주출판도시
전 화 | 031-955-8000(代)
팩 스 | 031-955-8005
홈페이지 | www.yswpub.co.kr
이 메 일 | yswgroup@naver.com
출판등록 | 1987년 11월 24일 제406-2003-037호

ISBN 978-89-994-1183-0

정가 15,000원